藏民族是具有高度爱国精神的民族。西藏地方自元代纳入中央行政管辖以来，爱国主义成为藏族文化精神的主要组成部分，从萨迦班智达到十世班禅，出现过无数的代表性人物；从抵抗西方殖民侵略到维护国家统一，进行了不屈不挠的斗争。

国家出版基金项目

走近中国少数民族丛书

主　编/丹珠昂奔

藏　族

Zangzu

丹珠昂奔　著

辽宁民族出版社

图书在版编目（CIP）数据

藏族 / 丹珠昂奔著. —沈阳：辽宁民族出版社，2015. 10（2020.5重印）
（走近中国少数民族丛书 / 丹珠昂奔主编）
ISBN 978-7-5497-1184-0

Ⅰ. ①藏… Ⅱ. ①丹… Ⅲ. ①藏族— 民族历史 — 中国 ②藏族 — 民族文化 — 中国 Ⅳ. ①K281.4

中国版本图书馆CIP数据核字（2015）第262676号

走近中国少数民族丛书 · 藏族
ZOUJIN ZHONGGUO SHAOSHU MINZU CONGSHU · ZANGZU

丛书策划 / 李凤山

出版发行者：辽宁民族出版社
地 址：沈阳市和平区十一纬路25号 邮编：110003
印 刷 者：晟德（天津）印刷有限公司
幅 面 尺 寸：170mm×240mm
印 张：14
字 数：210千字
出 版 时 间：2015年10月第1版
印 刷 时 间：2020年5月第2次印刷
责 任 编 辑：李凤山 吴昕阳
封 面 设 计：杜 江
责 任 印 制：杨 雪
责 任 校 对：边京爱

标准书号：ISBN 978-7-5497-1184-0
定 价：38.00元

网 址：www.lnmzcbs.com 邮购热线：024-23284335
淘宝网店：http：//lnmz2013.taobao.com
如有印装质量问题，请与出版社联系调换 联系电话：024-23284340

《走近中国少数民族丛书》编辑委员会

《走近中国少数民族丛书》作者名录

《蒙古族》 萨仁图娅（蒙古族）

《回族》 许宪隆（回族） 张龙（汉族）

《藏族》 丹珠昂奔（藏族）

《维吾尔族》 艾克拜尔·吾拉木（维吾尔族）

买力克·买买提（维吾尔族）

伊利迪尔（维吾尔族）

《苗族》 石莉芸（苗族） 李云兵（苗族）

《彝族》 陈国光（彝族）

《壮族》 黄佩华（壮族）

《布依族》 周国炎（布依族）

《朝鲜族》 黄有福（朝鲜族）

《满族》 于今（满族）

《侗族》 杨筑慧（侗族）

《瑶族》 玉时阶（壮族）

《白族》 董建中（白族）

《土家族》 罗中（土家族） 罗午（土家族）

《哈尼族》 朱志民（哈尼族） 李泽然（哈尼族）

《哈萨克族》 艾克拜尔·米吉提（哈萨克族）

伊拉达·拉音别克（哈萨克族）

《傣族》 赵瑛（傣族）

《黎族》 罗文雄（黎族）

《傈僳族》 鲁建彪（傈僳族） 欧光明（傈僳族）

《佤族》 郭锐（佤族）

《畲族》 钟亮（畲族）

《台湾少数民族》 林华（台湾少数民族）

《拉祜族》 苏翠薇（拉祜族）

《水族》 韦学纯（水族）

《东乡族》 马兆熙（东乡族） 马自祥（东乡族）

《纳西族》 白庚胜（纳西族） 孙淑玲（汉族）

白羲（纳西族）

《景颇族》 金黎燕（景颇族）

《柯尔克孜族》 阿地里·居玛吐尔地（柯尔克孜族）

《土族》 祁进玉（土族） 东永学（土族）

《达斡尔族》 毅松（达斡尔族）

《仫佬族》 黎学锐（仫佬族） 黎炼（仫佬族）

《羌族》 雍继荣（羌族） 罗吉华（羌族）

周发成（羌族）

《布朗族》 陶玉明（布朗族）

《撒拉族》 马成俊（撒拉族） 马建新（撒拉族）

《毛南族》 韩德明（汉族）

《仡佬族》 周小艺（仡佬族）

《锡伯族》 阿苏（锡伯族） 盛丰田（锡伯族）

何荣伟（锡伯族）

《阿昌族》 们发延（阿昌族） 张斯齐（蒙古族）

《普米族》 朱凌飞（汉族） 杨周明（普米族）

《塔吉克族》 西仁·库尔班（塔吉克族）

阿力木江·西仁（塔吉克族）

《怒族》 李月英（傈僳族） 张芮婕（傈僳族）

《乌孜别克族》 古丽巴努木·克拜吐里（维吾尔族）

《俄罗斯族》 乃珂热曼·依布拉音（塔吉克族）

《鄂温克族》 黄任远（汉族） 那晓波（鄂温克族）

《德昂族》 袁丽华（汉族） 王燕（汉族）

《保安族》 马少青（保安族）

《裕固族》 董潇红（裕固族） 王政德（藏族）

《京族》 吕俊彪（汉族）

《塔塔尔族》 卡米力·库尔马尤夫（塔塔尔族）

《独龙族》 李金明（独龙族）

《鄂伦春族》 王为华（汉族）

《赫哲族》 黄任远（汉族）

《门巴族》 陈立明（汉族） 张媛（汉族）

《珞巴族》 陈立明（汉族） 李锦萍（汉族）

《基诺族》 朱映占（汉族）

总序

中国是一个统一的多民族国家。几千年来，有着悠久历史和灿烂文化的少数民族，与汉族一道，在中华大地上繁衍生息，共同开发着这块土地，建设、发展、捍卫着这个古老而伟大的国家。各民族都是兄弟，相互离不开，都是这个国家的主人。习近平总书记在第二次中央新疆工作座谈会上发表重要讲话，指出："要坚定不移坚持党的民族政策、坚持民族区域自治制度。民族团结是各族人民的生命线。要高举各民族大团结的旗帜，在各民族中牢固树立国家意识、公民意识、中华民族共同体意识，最大限度团结依靠各族群众，使每个民族、每个公民都为实现中华民族伟大复兴的中国梦贡献力量，共享祖国繁荣发展的成果。各民族要相互了解、相互尊重、相互包容、相互欣赏、相互学习、相互帮助，像石榴籽那样紧紧抱在一起。""要在各族群众中牢固树立正确的祖国观、民族观，弘扬社会主义核心价值体系和社会主义核心价值观，增强各族群众对伟大祖国的认同、对中华民族的认同、对中华文化的认同、对中国特色社会主义道路的认同。"因此，坚持平等、团结、互助、和谐的社会主义民族关系，不断增进了解，深化友谊，建立牢不可破的感情基础，是中国社会转型期、改革攻坚期、矛盾多发期保持社会稳定、发展的基本要求，也是实现中华民族伟大复兴的中国梦的基本要求。

为了进一步宣传我国少数民族的历史文化和民族风情，增强对少数民族的认识，宣传党的民族政策和方针，加深对党的民族政策的理解，加强各民族之间的了解与沟通，让读者了解少数民族，中华人民共和国国家民族事务委员会文化宣传司和辽宁民族出版社共同组织了《走近中国少数民族丛书》。

《走近中国少数民族丛书》的编写有以下三个特点：第一，采用图文并茂的形式、鲜活生动的语言、特色浓郁的图片与丰富的民族常识链接，向读者展示我国55个少数民族的历史渊源、民族变迁、社会生活、文化艺术、风俗习惯、历史人物和民族区域自治政策的伟大实践。第二，作者多为本民族的专家学者和与民族研究工作相关的专家学者，对自己撰述的对象既有深厚的知识积累，也有真挚的情感。第三，内容彰显了历史与现实、民族文化与地域文化、民族区域自治地方与散杂居地区少数民族生产生活的多彩画卷和轨迹，引导读者走近少数民族，聆听他们的古老传说，感受他们的发展变化，加深彼此的沟通和了解。这套《走近中国少数民族丛书》是面向民族干部和各级干部通览我国少数民族概况的普及读本，也是图书馆的必备藏书。

《走近中国少数民族丛书》所揭示的每一个民族的历史，都承载着这个民族的文化，也承载着这个民族的发展和未来。中华大地孕育的55个少数民族多彩斑斓的民族文化，同汉族文化一道从远古走到今天，汇入了中华文化壮阔的历史长河。“共同团结奋斗，共同繁荣发展”，保护、传承和弘扬少数民族优秀文化，不仅是推动我国民族团结进步事业的重要内容，也是构建和谐社会、实现中华民族伟大复兴的中国梦的重要使命。期待通过《走近中国少数民族丛书》，使广大读者徜徉于少数民族多彩风情的同时，更加深刻地了解和认知中华民族多元一体的文化内涵，感受中华民族悠久历史的深远与厚重。

丹珠昂奔

2014年6月26日

前言

藏族 创造雪域高原古老文明的民族

藏民族生活在“世界屋脊”——世界上海拔最高的地区。藏人称自己居住的土地为“十万雪山，十万江河”，这神秘而古老的雪域圣地，孕育了历史悠久、文化灿烂、信仰虔诚的藏民族。

从旧石器时代、新石器时代到“猕猴变人”的传说，大量的遗迹、遗存、遗物证明了青藏高原已有古人类居住。藏民族，在多山多水多雪的自然条件下，从象雄文明、雅隆文明进入吐蕃社会，在7世纪之前就有了文字，而吞米·桑布扎被认为是藏文的创制者，后几经厘定，形成今天使用的藏文。藏文的诞生，对藏族文化的发展和保存起到了无可估量的作用。

藏民族是保存以《大藏经》为代表的佛教经典最多的民族。佛教被西方世界认为是“东方的灵魂”，自7世纪驻足藏地之后，藏人进行了大规模的译经活动，经过一千多年的积累，使藏民族成为一个翻译佛经最多而且学界认为译文最准确的民族。

藏民族是保存了世界上最长的英雄史诗《格萨尔王传》的民族。《格萨尔王传》是藏民族的百科全书，从纵的方面看，它涉及了从原始社会末期到奴隶社会早期再到今天藏族社会的内容；从横的方面看，它涉及了藏族社会的政治、经济、宗教、法律、风俗、职官制度等多个方面的内容，气势恢宏，卷帙浩繁。

藏民族是保存了独特的苯教文化的民族。记录了苯教的神群、观念、教义、修持、发展的历史、祭祀等带有诸多史前文化材料的内容。

藏民族是保存了独特的藏传佛教文化的民族。独特的僧侣集团，独特的活佛转世制度，独特的僧人学经制度，独特的藏传佛教思想、仪轨、戒律，独特的藏传佛教文化艺术等，都为世人所瞩目。

藏民族是保留了高海拔地区特有的独特医学——藏医的民族。青海省完成的《藏医药经典文献集成丛书》1 000多卷，百分之六十为手本，涉及2800年的藏医发展史，形成了藏医的典籍系统、基础理论、临床实践、药物分剂、炮制工艺等。

藏民族是保存着丰富的在高海拔地区生产、生活方式经验和规律的民族。

藏民族是能歌善舞的民族，藏区被称为“歌的海，舞的洋”。别致的“堆谐”、沉稳的“朗玛”、欢快的“踢踏舞”，使无数人倾倒；牦牛舞、孔雀舞、打夯舞，独具特色；寺院神舞“羌姆”，庄重而威严。

藏民族是具有高度爱国精神的民族。西藏地方自元代纳入中央行政管辖以来，爱国主义成为藏族文化精神的主要组成部分，从萨迦班智达到十世班禅，出现过无数的代表性人物；从抵抗西方殖民侵略到维护国家统一，进行了不屈不挠的斗争。

话及藏族，很多人马上会沉浸于她的神秘和新奇，进而猎奇——用扫雷式的眼光去寻觅那些埋在地下能给社会和某些人群爆炸性效应的“原始”“野蛮”的文化因子和奇异风俗，并把它无限放大，而掩盖了藏区独具魅力的自然景观和人文价值。《走近中国少数民族丛书·藏族》这本小书，将向广大读者介绍藏族的历史渊源、历史发展、文化传承、宗教信仰和历史杰出人物，并将新中国成立以来，藏族地区的民族区域自治全面展示，让读者了解藏民族精神所包含的宽容精神、人性精神、利他精神、爱国精神。

走啊，走啊，往上走，
朝高高的天空走；
来啊，来啊，来相会，
和红红的太阳来相会。
闪闪烁烁的群星，
装饰四周多么美！

走啊，走啊，往上走，
朝高高的雪山上走；
来啊，来啊，来相会，

和洁白的雪狮来相会。
纷纷扬扬的玉鬃，
装饰四周多么美！

走啊，走啊，往上走，
朝高高的崖峰上走；
来啊，来啊，来相会，
和矫健的雄鹰来相会。
像云彩一样的金翅，
装饰在四周多么美！

这首吟唱雪域藏乡的昌都锅庄，让我们感到藏族同胞对自己生存环境的依恋、崇敬，雄伟的雪山，无垠的蓝天，雄狮、雄鹰赋予他们豪迈的气概和博大的胸襟。

藏民族作为中华民族大家庭中的一分子，以其创造的博大精深、神奇独特的文化牵动着中外学者的思绪，以其拥有的雪域梦幻、佛塔圣寺的美景吸引着朝圣者的脚步。藏民族正以博大的胸襟迎接着五湖四海的宾朋，以豪迈的激情迎接自己更加辉煌灿烂的明天。

目录

第一章
青藏高原的古老民族

前面是雪山，
后面是冰川，
藏人的孩子，
就成长于冰雪之间。

这首古民歌不仅仅是对一些人、一群人的描述，而是对一个民族成长历程的概述。藏民族形成以后，雪山依旧，冰川依旧，风雪依旧，只是人类文明的进化，给他们提供了与自己的环境相搏、相亲、相依赖的生存手段。

地理与人口

神秘的自然地理

藏人自称为“蕃”，自古以来，将自己居住的地域归结为：“上部阿里三围（今阿里地区）——卜让、古格、芒域；中部卫藏四翼（今前后藏）——伍茹（首翼）、腰茹（左翼）、叶茹（右翼）、茹拉（支翼）；下部朵甘六岗（今甘肃、青海、四川藏区）——玛杂岗、伍保岗、察娃岗、欧达岗、麦堪岗、莫雅岗。”“三围四翼六岗”基本概括了藏人的居住区域。雪山皑皑，江水滔滔，从南到北，从东到西，以青藏高原为主体，其生活环境是藏族文化生长、依托的根，换句话说，藏族文化也只有放置于这样的环境中才有它的色彩和光华。

高海拔 高海拔是整个藏区最突出、最基本的特点。众所周知，西藏高原曾是一片古海，由于印度板块与北半球欧亚大陆的撞击，海水退去。上新世时，整个西藏高原开始隆升，喜马拉雅山的海拔高度也不过在2 000米~2 500米，喜马拉雅南坡和北坡的年降雨量为2 000毫米~2 500毫米，年平均温度在10℃左右。当时的西藏高原尚处于山地热带、亚热带气候。考古工作者在这

定结雪山

一时期的地层中发现了三趾马等热带动物化石和阔叶树木。

地球的运动是惊人的。喜马拉雅山体不断隆升，温暖湿润的气候也日益向干冷方向发展，喜马拉雅由距今500万年前的海拔2 000米~3 000米，上升到距今300万年时的海拔4 500米~5 000米，又经过了300万年，终于横空出世，成为“世界屋脊”，以主峰珠穆朗玛8 848.43米海拔的高度昂然雄视人间，西藏高原也成为地球“第三极”。高海拔地区的寒冷、多风雪、缺氧等一些基本特点也随之而生。

藏区的大山，可谓蔚为大观，高山、名山不可胜数：喜马拉雅山系，平均海拔6 000米以上；冈底斯山被称为众山之主，其主峰冈仁波齐海拔高6 656米，传说释迦牟尼在此布道，每年进山朝拜的中外香客络绎不绝；“大神山”念青唐古拉山，其主峰念青唐古拉峰海拔高7 117米，有许多动人的传说；格拉丹东

▲

喜马拉雅山脉

雪山，海拔高6 621米；嘎娃嘎普是著名的神山，海拔高6 740米，在西藏叫他念他翁山。四川甘孜藏族自治州的贡嘎山也是著名的大山。

“这里的天最蓝，这里的地离太阳最近”。尽管我们如此赞美这块高海拔地区，但是高海拔给植物、动物乃至人类造成的影响是巨大的。在漫长的历史演进中，人类必须适应环境，必须依赖自然环境创造自己的文化，而藏文化的成长也脱离不了这块神奇的土地。

多雪　伟大的藏民族对自己居住的区域有无数赞美之词，而“神圣雪域”是人们口头上与文学作品中最常用的。许多藏族人称自己为“雪乡人”“雪山的子孙”。

这里说的“多雪”有两层含意：

野牦牛

珠穆朗玛峰

藏羚羊

念青唐古
拉山主峰

一是藏乡多积雪，有许多千年不化的雪山，俨然冰雪世界；一是降雪多，由于天气寒冷，一些地区六月天还降雪，像那曲地区年平均降雪日就有35天。这与高海拔地区的气候有直接关系。藏族早期就有白色崇拜，这也是藏族之所以如此厚爱雪的一个重要因素。

多山多水多湖泊　“十万大山、十万江河”，反映了藏族居住区的环境状态：处处是山，山山雄峻；处处是水，湖泊荡漾，江河澎湃。雪既与白为伍，又与冷相伴。

据统计，仅仅西藏自治区境内，流域面积大于1万平方公里的河流有20多条，大于2 000平方公里的河流有100条以上，大于100平方公里的河流数以千计。这些河水由雨水、地下水和冰雪融水汇聚而成，带给下游地区清凉和甘甜。雅鲁藏布江、澜沧江、金沙江、怒

冈仁波齐

▲

巴松错湖

江、黄河、长江均发源于此。

藏族居住的青藏高原，也是一个多湖泊的地方。据统计，在西藏有大湖泊1 500多个，湖泊总面积为24 183平方公里，其中纳木错湖、色林错湖、扎日南木错湖面积均超过1 000平方公里；超过100平方公里的湖泊有47个，超过1平方公里的有612个，可谓星罗棋布。像青海的青海湖、甘肃甘南的尕海、云南迪庆的那帕海等久负盛名。

河流和湖泊不但增添了高原旖旎的风光，也给动植物带来生机。哪儿有水，哪儿就有草木的生长，哪儿就有象征生命的绿色，哪儿就有飞禽走兽，人类——青藏高原的藏族也是凭依这些河湖生息、繁衍、发展起来的。

▲

纳木错
合掌石

人口与分布

藏族是中国的古老民族，主要居住在西藏自治区，青海省的玉树藏族自治州、海南藏族自治州、黄南藏族自治州、海北藏族自治州、果洛藏族自治州、海西蒙古族藏族自治州，四川省的甘孜藏族自治州、阿坝藏族羌族自治州、木里藏族自治县，甘肃省的甘南藏族自治州、天祝藏族自治县，云南省的迪庆藏族自治州。另外，邻近西藏的不丹、尼泊尔、印度和巴基斯坦也有一部分藏人居住。

甘孜藏族自治州康定县

历史上的藏族人口及其分布　若从公元前三四世纪吐蕃第一世王聂赤赞普的出现看藏族分布和藏族人口，大体上经过了如下一些阶段和变化。

聂赤赞普到南日松赞时期的藏族主要以雅隆河谷为中心，多以部落和部落联盟或小邦国形式分布于象雄、苏毗、工布、波布、娘布、达布等地区。吐蕃王朝兴盛时期是吐蕃人口急骤增长的时期，松赞干布出兵东方曾先后灭掉了西山八国、白兰、党

昆仑山脚下的藏族牧民

项、吐谷浑等，后其疆域东北延伸至疏勒、龟兹、于阗、焉耆等安西四镇及沙州、瓜州等广阔的河陇地区，南部达及尼泊尔、不丹、云南大理等地。随着军事行动，藏人也达及上述地区。吐蕃王朝兴盛时期，估计藏人有1 500万左右。其分布也较广，在我国除西藏地区外，涉及今四川、云南、甘肃、青海、新疆等主要地区，境外有尼泊尔、不丹、克什米尔等国家和地区。

元朝建立后，为便于设官征税，于1268年派阿褒、弥林等人到藏清查户口，实际属于“抽样”性质，没能全面核查。1287年、1334年元朝在藏又进行两次清查，此后设立“十三万户”。《萨迦世系史》等书对此进行了记载，并推算，若每户以6人计算，13万户约80万人。再加上萨迦、阿里、昌都、门隅、珞隅等地区的人口，约百余万人。其他地区的藏族人口估计不少于400万。

1737年，清政府清查户口时认为藏族有270万人。1830年，清朝政府对西藏再次进行户口清查，西藏总人口约100万人；其他藏区的人口大约有200万人。

当代藏族人口及其分布 新中国成立后，藏族主要分布在一区十州两县。1953年，全国首次进行人口普查统计，藏族人口为277.5万人（也有资料作275.31万人）。1982年，全国第三次人口普查统计，藏族人口为387.4万人。1990年，全国第四次普查人口时，藏族人口为459.33万人。2000年，全国第五次普查人口时，藏族人口为541.6万人。

民族来源与族称

民族来源

自7世纪吐蕃崛起西藏高原，世界便开始了对藏族和青藏高原的探讨。汉文典籍如《旧唐书·吐蕃传》《新唐书·吐蕃传》《资治通鉴》《宋史》《册府元龟》《明实录》《清实录》等都有关于藏人的记载。18世纪以后外国人也逐步将目光投向西藏，于是产生了用英、日、俄等文字记录研究藏人的著作。从这些文字记载看，中外史家从多个角度探讨了藏族族源问题。归纳有如下三种：其一，源于释迦王族，即所谓“南来说”。主要参考的资料有《布敦佛教史》《贤者喜宴》《西藏王统记》。其二，源于羌人之一支，即所谓“西羌说”，通常也称为“北来说”。主要依据的材料有《后汉书·西羌传》《旧唐书·吐蕃传》《册府元龟》等。其三，自古以来就休养生息在西藏高原，即“土著说”。本书采用“土著说”，依据如下。

《吐蕃王统世系明鉴》 此书是元末明初萨迦派的一位僧人萨迦·索南坚赞撰写的一部系统叙述吐蕃王朝历史的藏文著作。该书记载了有关藏族起源的以猕猴为中心的传说。

圣观世音菩萨，对一示现神变的猕猴，授给近事戒律，派遣到西藏雪国的地方修行。这个猕猴到一个黑色山岩上修行……有一个被业力所驱使的岩妖魔女来到那里，用爱慕求欢的话语挑逗，后来魔女又穿上好人的服装，对猕猴说：“我们俩人结成夫妇吧。”猕猴回答说：“我是圣观世音菩萨的居士，如果当你的丈夫，就会破了我的戒行。”魔女说：“你不当我的丈夫，我的命就完了。”猕猴菩萨想道：“要是当了她的丈夫，就破了戒行，不当她的丈夫，又有大罪孽，应该怎么办？”猕猴立即到普陀山请示观世音菩萨。

观音允许其结婚。猕猴与魔女结为眷属以后，生下了6个猴崽……这6个猴崽被其父猕猴菩萨送到叫作鸟集林的水果丰盛的地方。过了3年，父猴菩萨前去观看，只见猴崽们已增加到 500

个，这时树上的果实已经吃完，又别无可吃的食物……父猴想道："我养了这么多猴崽，并不是由于我的愚痴，而是由于遵从观世音菩萨的吩咐造成的。"于是他立即赶到普陀山，向观世音菩萨请求帮助。观世音菩萨起身，从须弥山的缝隙中取来青稞、小麦、豆子、荞麦、大麦芽，撒到大地上，使那里长满不种自生的谷物，交付给他们，并吩咐说："吃吧！"由于这个缘故，该地后来被称为梭当巩波山。此后猴崽们在那里饱食谷物，身上的毛和尾巴都变短了，又慢慢懂得使用语言，这就变成了人。

这段故事说明了如下问题：其一，这篇小故事是早期人类探寻自身由来的结果。其二，这篇故事涉及了人类由采撷野果而食到吃粮食的伟大历史过程，将吃谷物和人的进化联系起来考虑确也是十分可贵的思想。其三，在上文之后，该书又写道："当时的人吃不种自生之谷物，穿树叶做的衣服……当时藏地遍山都是森林，山谷里充满了水，后来工布地方的山裂开一条口子，所有的水都往那里流去，从那里流走。于是在各个平地上开垦，建筑许多城邑，以后不久，有聂赤赞普出来当藏土之王，开始有了君臣之名分。"粮食通过采集野生而后成为家种；人以"树叶"做衣服；西藏多水，与西藏古为海洋、后海水流尽成为高山的历史仿佛有某种照应；平地垦田、修筑城池，即阶级社会的出现，这也是与历史的实际进程相合的。其四，倘若我们进行文化人类学的描写，可以说猕猴与岩魔女的结合曲折地反映了两个氏族部落的融合，尤其值得重视的是那6个猴崽，"天父六君""六牦牛部""最古六姓"，都与这"六"有关，故事陈述的是藏人最古六部的社会记忆。

民间文学资料　丰富的民间故事传说，是藏族"土著说"的主要依据。流传于西藏山南雅隆河谷的猕猴变人的故事和"猕猴洞""猴子玩要坝""第一块地"等有关遗迹进一步佐证了"土著说"。

在西藏还是洪荒时代时，在雅鲁藏布江畔的山南泽当地方，贡波惹（山）上的洞里，住着一个母猕猴，她欣赏着大自然美丽的景色，吃着洞外菩提树上的果实，日子过得还算快活，只是没侣伴，感到寂寞，天神知道她的心情，便化人身来和她成亲，他们二人的子女就是西藏最早的人类……后来树上的果子吃光了，就到雅鲁藏布江岸学种庄稼。

《大地和人类的由来》的传说则如此讲：

天地未形成时，什么也没有。后来逐渐出现了大海，但空荡荡的，只是在海面上漂浮着一层灰蒙蒙的雾气，四面八方刮着大风。慢慢地，大风和雾气才使大海中积起了许多硬块，这些硬块又聚在一起成了大地。由于大地没有东西支撑，老是晃晃荡荡的。后来，海中出现了一条巨大的鳌鱼，钻到海底将大地背到自己背上。可是鳌鱼老在动，它一动，大地又晃动起来。天神见了，便朝鳌鱼的背上射了一箭。鳌鱼中箭后翻了个身，大地就落在它的肚子上。从此，大地就稳稳当当了。

有了大地后，最先有了山，有了东、南、西、北四大天神，四大天神之后才出现人类：在一座大山上，住着梭舒绿格向蒙陀公猴，还住着玛霞森多姆女岩妖。一天，岩妖见了猴子，就朝它打了三个口哨，表示希望猴子搬来同自己一块儿住；猴子听见了，也回了三声，表示同意岩妖的请求。在青香树的撮合下，公猴和女岩妖就住在一起，并生了6个孩子。当这6个孩子长大后，又结合生了许多孩子，并分别到各地去住。从此，大地上到处都有了人。

考古发现 随着20世纪以来的考古新发现，给西藏高原和藏人的来源予以崭新的解释，科学地证明了“土著说”的结论——藏人是青藏高原人类先民的后裔。

象雄遗址

1. 据郑锡澜《世界屋脊的崛起》，1967年地质学家刘东生等在定日采得数十件石片，“经过详细的分析鉴定，考古学家们认

为是旧石器时代中晚期的产物”。这样就把人类在喜马拉雅山生存的历史追溯到了距今四五十万年的更新世中晚期。

2. 藏南定日县苏热采集到的旧石器是在海拔4 500米的苏热山南坡，为旧石器时代晚期之石器，据专家考证距今大约5万年。

3. 藏北申扎县珠洛勒，海拔4 800米的河谷中采到旧石器晚期的石器。

4. 阿里地区日土县扎布在海拔4 400米的地方采得旧石器晚期石器，距今约1万年。

5. 阿里地区普兰县马法木湖、日土县帕也布也峰南麓帕也曲真沟、吉隆县戳措龙湖发现的细石器距今约万年。

6. 昌都地区卡若文化早期距今约5 000年，晚期距今约4 000年；小恩达距今约4 000年；云星、居木遗址，加拉马、红光采集点石器等距今3 000~4 000年。

从上可以看出两点：第一，西藏高原古人类的生存，从旧石器时代起到新石器时代，是连贯的，而不是突然插入，又突然消失的。这一传承一直发展到象雄古国和雅隆鹘提悉勃野王朝的出现。因而藏人在西藏高原是土生土长的。第二，从文化积淀的层次和内涵分析，同样具有承袭关系。比如猕猴变人的故事，既是一篇探寻藏人族源的文章，又体现了藏人早期的猕猴图腾崇拜。

虽然，民间传说与考古发现都证明了藏族的“土著说”，但是二者是截然不同的。其一为依据的材料不同，后者倚重于民间故事传说，前者倚重于考古新发现；其二为论证的方法不同，后者较多采用民间文学和社会学角度，前者较多采用文化人类学和考古学角度。因之，前者比后者更具有科学性，更接近历史实际。

族称

“蕃”或“吐蕃”是藏人一贯的称呼，但对其中“鹘提悉勃野”和“布德巩杰”重视不够。实质上这两个词与藏人的族称同样有着重要关系。

藏族自身的民族自述中由猕猴到塞、木、冬、东四大氏族到六大氏族——以上四氏族加上扎、者两个氏族——继而再分为塞氏四子、木氏果查儿子、冬氏十八氏族、东氏四王八奴，再后出现十二小邦和四十小邦，出现了统一的领袖（首领）。

一些书籍中告诉我们在蕃这一小邦国立国之前，曾有一“悉勃野”王族的发展阶段。汉文典籍《旧唐书·吐蕃传》《册府元龟》对此均有记载，如赞普窣勃野、窣勃野蕃等。

有些研究者认为，吐蕃是“吐谷浑所属三蕃地”的缩语。由于在隋末唐初吐谷浑强盛而进行推测，显然是误判。有的学者从藏文词义上进行分析，进而得出一些看法：1. 吐蕃为“上蕃”之对译。2. 吐蕃为“南蕃”之对译。3. 吐蕃之意，早先为“农”之意。因 （蕃人）和牧人相对音，同于 “半农半牧”。4. 吐蕃之“蕃”就是“呼喊”之意，藏人是呼唤的民族；藏史所谓是“六个呼喊的山垭豁”。5. 学界一般认同更敦群培在《白史》中提出的观点。因此，“蕃”“波”“播扎”的发音，实际上是把“蕃”的读音变成了梵音，而不是把梵音变成藏语读音。雪域、雪境人（或译雪乡人）、蕃是藏人自称中最为常见的词汇。

历史与当代

雅隆河谷文明——吐蕃王朝

王族的出现 雅鲁藏布江中游南岸的泽当是个特殊的地方，因传统认为是藏人的发祥地而受到广泛的重视。传说的猕猴和岩罗刹生活过的“猕猴洞”和第一块种植青稞的土地均在此地。而

西藏农田

玛桑九兄弟也在富饶美丽的雅隆河谷被历史的车轮推向西藏高原的邦国时代。

大约公元前五六世纪，西藏高原便有邦国出现，在西北有象雄古国，中部地区有苏毗，从汉文记载诸羌历史看，与雅隆王朝的出现相仿佛，多弥、东女、附国、白兰、党项诸小邦国也在形成之中。藏族的正史是从雅隆河谷算起的。居住在雅隆河谷的“六牦牛部”也已从分散的氏族社会向部落联盟过渡，部落的成员们不但在进行狩猎、牧业生产，从事农业耕作的历史也有相当一段时间了，而且学会了制造弓箭、刀斧和一些简单的生产工具。吐蕃第一世王聂赤赞普在这样一个背景下诞生了。

自聂赤赞普而始的王的确立，王族的确立，尤其是“天神之子”观念的确立，为以后吐蕃的发展奠定了基础。它标志着统一的国家政权的出现，是民族政治凝聚核心的产生，在藏族历史上具有十分重要的意义。

吐蕃王朝的兴起和发展 天神之子——聂赤赞普从勃敖地方来到雅隆地方，他一面重视农牧业生产，一面弘扬苯教，建造了西藏历史上第一座宫殿雍布拉康。在聂赤赞普的精心策划下，悉勃野吐蕃在青藏高原迅速崛起。

布德巩杰时期可谓政通人和，吐蕃社会出现了欣欣向荣的新气象。当时作为吐蕃时期第一位贤臣的茹拉杰主持内政，他教给臣民如何烧木取炭，如何从矿石中冶炼金属，改进农具，并以“六牦牛部”的基础吸纳了工布、达布、娘布等部落联盟，逐步成为一个势力较强的邦国，与象雄、苏毗等成鼎足之势。到赤年桑赞王时，又制定出统计牲畜数量和测量土地的单位，蓄水开渠，大幅度地提高了农业生产水平，使得吐蕃社会不断发展。自此，吐蕃王朝终于在雪山之中站立起来。

雍布拉康

布达拉宫

松赞干布在西藏高原实现了统一，正式建立吐蕃王朝。为巩固统一，松赞干布采取了一系列有效措施：迁都拉萨并建造布达拉宫；把西藏划为六大行政区域；推广佛教；创制文字；与泥婆罗、唐王朝联姻，迎娶赤尊公主、文成公主并建成大昭寺、小昭寺；统一度量衡制度；鼓励众民开垦荒地；保护水利资源；开山修路以促进贸易，等等。这些对发展吐蕃的经济、文化、佛教、医药等起了很大的促进作用。

松赞干布灭吐谷浑，占西域，频繁的战争削弱了吐蕃的国力，吐蕃开始由盛转衰。8世纪末叶以后，吐蕃统治阶级的内部矛盾日趋激化。王室内部互相争夺权位，攻伐不已。各地纷纷举行了大规模起义，吐蕃陷于分裂。

文成公主

知识链接 **文成公主（625—680）** 唐朝皇室远支，640年奉唐太宗之命和亲吐蕃。吐蕃时期被尊称甲木萨（藏语中“甲”的意思是“汉”，“木”的意思是“女”，“萨”的意思为神仙），吐蕃赞普松赞干布的王后。

元、明、清时期对西藏的统治

元朝 13世纪初，藏传佛教的各个派别竞相扩展势力，争取更多的地产、农奴。萨迦派中出现了像萨班这样的“学富五明”、受民众崇信的教派领袖，博得了元帝室的敬信和支持，进而掌握了西藏地方的行政权力，在促进元朝统一全国的事业上做出巨大的贡献。

文成公主进藏图

国师印

1271年忽必烈定国号为元。根据藏族地区的实际情况，采取了一系列影响深远的施政措施：首次设置中央机构总制院（宣政院），掌管全国佛教事务及西藏等地的军政事务；清查民户、设置驿站、征收赋税、驻扎军队、任命官员，并将元朝刑法、历法在西藏颁行；任用藏族僧俗担当从中央到地方高级官吏；乌斯藏、朵甘等地行政机构之设裁及官员的任免、升降、赏罚，皆听命于中央。元代对于行政区域的划置，成为此后西藏行政区划沿革的基础。

明朝 1368年，明朝取代元朝，采用收缴元朝旧敕旧印，换发明朝新敕新印的形式和平过渡。明朝没有沿用元朝的职官制度，而是建立了一套别具特色的僧官封授制度。在行政区划与军政机构设置上，明朝在西藏基本上承袭了元朝的划置方式。在元代乌斯藏宣慰司、朵甘宣慰司故地，明朝设立乌斯藏、朵甘两个卫指挥使司和俄力思军民元帅府。后来，又将乌斯藏、朵甘两个卫指挥使司升格为行都指挥使司，各级军政机构的官员，均封委当地的僧俗首领出任。各级官员之任免、升迁，概由明朝中央政府直接决定，并颁授印诰等。

灌顶国师阐化王印

清朝 清朝统一中国，循历史定例治理西藏。1652年，藏传佛教格鲁派五世达赖喇嘛应召到北京觐见顺治皇帝，次年受到清朝正式册封；后来，五世班禅又受到康熙皇帝的册封。达赖喇嘛和班禅额尔德尼的封号和他们在西藏的政治宗教地位由此被正式确立，此后中央政府册封历世达赖、班禅遂成定制。

清朝对西藏的施政管理，根据实际情况和形势变化作了重大而全面的调整，如设置驻藏大臣总揽全藏；调整西藏地方的政教管理体制；赐封达赖喇嘛、班禅额尔德尼名号并确定了金瓶掣签制度；确立西藏地方涉外事务、边境国防的决定权归中央等原则；勘定今西藏与青海、四川、云南的界线；规定达赖喇嘛、班禅额尔德尼的辖区及权限。这些措施增强了边防设施，安定了西藏社会秩序，有利于对西藏地方的管理。此外，驿站之设立，使内地和西藏各重要地区的交通畅通无阻，促进了各族人民友好往来和经济联系，以利统一多民族国家的发展。

五世达赖喇嘛印

五世达赖喇嘛奏谢顺治帝表文

藏族人民的反侵略斗争

西方势力进入我国西藏地区最早可追溯到17世纪20年代。伴随着资本主义向亚洲扩张，一些欧洲的商船和传教士利用通商、传教、调查、游历等名义进入青藏高原。其中，以印度的耶稣会教士、葡萄牙籍天主教耶稣会教士、东印度公司、法国教会等为代表的西方资本主义势力入侵尤为猖獗。

西藏——森巴战争　1841年5月，克什米尔的古拉伯·辛格派兵六千余人向西藏阿里地区发动侵略，藏军和西藏民众英勇反抗，藏文史称为“西藏——森巴战争”。一支由前后藏子弟组成的部队又奔赴阿里，去抵抗一股从拉达克窜入的道格拉（森巴）侵略军。这次战事延续一年之久，前后藏和阿里地区的广大人民，同仇敌忾，僧众联合，一举歼敌，稳定了祖国边疆。

反法教士的斗争　1861年，法国教会趁第二次鸦片战争中作为战胜国的凶焰，派出传教士公然取道进入拉萨并建教区。他们所到之处霸占田地、房产，干预地方政治，胡作非为，拉拢豪强，挑拨地方关系，制造藏族内部分裂，激起藏族人民极大的愤慨。法国传教士的行径严重威胁到西藏地区各个阶层的利益，寺院领主上书朝廷，誓死不与洋人往来，从而掀起了一场声势浩大的反法教士的怒潮。愤怒的藏族民众驱逐法传教士和天主教民，杀教士、焚教堂，夺回被侵占的房产和土地。这一斗争持续十年之久，有力地打击了法教会势力，彻底粉碎了其在西藏建立教区的梦想。

▲ 南宁寺抗英遗址

隆吐山战役 西藏人民为捍卫乡土而进行的首次抗击英国人的战役。1886年，英国人占领了与西藏接壤的哲孟雄（今锡金），对西藏的安全构成了巨大威胁。西藏地方政府为阻止英国人入侵，在西藏与哲孟雄接壤的隆吐山设卡。1887年，英国向清政府提出撤卡并借机增兵。清政府迫于英国人的压力，责令驻藏大臣撤卡退兵。1888年3月，英军大举进攻隆吐山要塞，驻守在隆吐山的藏军坚守阵地，英勇抵抗。由于藏军在武器装备上处于劣势，无法与英军的精良武器抗衡，被迫撤退到亚东河谷。同年6月，藏军3 000人向隆吐山进行反攻，拟收复失地，惨遭失败。同年10月，藏军第三次组织反攻，再度被英军打败，被迫放弃了隆吐山。西藏人民第一次抗击英国侵略的斗争失败。1890年，新任驻藏大臣升泰作为中国全权代表前往印度加尔各答与英方签订了《中英藏印条约》。

▲ 曲美雄谷抗英遗址

江孜保卫战 西藏江孜人民抗击英军入侵西藏的一场战斗，是西藏人民反帝战争中的最大一次战役。1902年，英国以西藏不履行藏印条约、侵犯印度边境为借口，派怀特率军200人侵入后藏的甲冈。次年，英国又以谈判为名，派兵入侵西藏南部边境岗巴宗。与此同时，英军首领荣赫鹏、麦克唐纳率领3 000人从亚东、帕里一线发动对西藏的大规模入侵，在江孜受到西藏军民的英勇抵抗。从1904年3月，西藏地方政府派藏军在曲米辛古、卡罗拉山、乃宁寺、江孜堡垒与英军展开激战。江孜军民凭借原始的

江孜宗山 ▼

大刀、长矛、弓箭和石头誓死抵抗，坚持了8个月之久。最后弹尽粮绝，守军与攻上宗山的英军展开肉搏，直至跳崖牺牲。江孜从此以“英雄城”而闻名。

西藏各族人民为保卫国家领土，做出了重大贡献和巨大牺牲。

国民政府时期的西藏

1912年中华民国成立，随即在《中华民国临时约法》中明文规定：西藏是中华民国22行省之一。此后正式颁布的《宪法》等法律法规，也都明确规定西藏是中华民国的一部分。

民国政府设立管理蒙藏事务的中央机构——蒙藏事务局（蒙藏院），并任命中央驻藏办事长官，直属国务总理，例行清朝驻藏大臣职权。1929年蒙藏院改制为蒙藏委员会。1940年4月，蒙藏委员会在拉萨设立驻藏办事处，作为中央政府在西藏的派出机构。第十四世达赖喇嘛本人的认定、坐床也是经当时国民政府批准的。

民国时期的大量档案记载证明，民国时期的历届国会、国家最高权力机关、全国性议事机构或历次国民大会，达赖喇嘛、西藏地方政府和班禅额尔德尼都派有代表参加，并被选举或委任各种国家公职，参与国家事务管理。

知识链接 **民主改革的根本任务** 推翻封建农奴主阶级的统治，解放百万农奴；变农奴主所有制为劳动农牧民的个体所有制；废除僧侣贵族专政的“政教合一”制度，在藏区建立人民民主政府。

西藏的民主改革

1949年10月1日，中华人民共和国成立。十世班禅向中央人民政府毛泽东主席和中国人民解放军朱德总司令致电，代表全体西藏人民表示崇高的敬意，遥申拥护爱国之忱。1950年，中央民族访问团在藏区受到藏族人民的热烈欢迎。各级政府组织民族致敬团和参观团，让宗教上层和其他阶层人士到内地参观访问。党和政府采取正确的方针和积极的措施，培养和造就一大批民族干部，以适应藏区社会发展的需求并积极开展对寺庙和整个宗教界上层的统战工作。

西藏自治区第一届人民代表大会第一次会议

1957年到1961年，党和人民政府领导全藏区人民，进行了一场彻底埋葬封建农奴制度的翻天覆地的民主改革运动。

藏区的民主改革自1958年7月以后，在各地逐步开展。民主改革分两步走，第一步是开展“三反双减”运动，第二步进行土地改革。民主改革历时四年，使藏区的社会制度和政治面貌发生了翻天覆地的变化，为藏区各项事业的起步和发展奠定了基础。学校、医院、商业网点大量出现，交通运输业、电力事业有了良好的开端。民主改革的完成使藏区社会发生了质变，实现了社会发展的飞跃，具有划时代的意义。

知识链接 **三反双减** 反对叛乱、反对乌拉差役、反对奴役；减租、减息。

半个世纪以来，获得解放的藏区各族人民在中央人民政府的关心和全国人民的支援下，以主人翁的姿态和空前的热情投身建设新社会、创造新生活的伟大进程，创造了一个又一个藏族历史上亘古未有的奇迹。

拉萨八廓街

第二章
神秘而虔诚的信仰文化

7世纪佛教传入藏地以后，与以苯教为代表的藏族土著文化进行了200年的殊死斗争。强大的吐蕃王朝崩溃后，佛教沉寂百年，继而再起，出现了宁玛、噶当、噶举、萨迦等教派，至宗喀巴创立格鲁派，标志着藏传佛教文化的基本形成。佛教渗入到藏族社会上层建筑的各个领域，藏族的审美和兴趣观念有了明显的转变。

藏族的信仰文化大致可分为三类：一是广泛地存在于乡村牧区的民间信仰（大多保留了原始信仰的特点）；二是以原始信仰为基础发展而来的苯教；三是7世纪佛教传入藏地后逐渐发展形成的藏传佛教。

民间信仰

大自然崇拜

龙神　“龙”是一种生活在地下的神，有精灵性质。有人认为藏文中的龙便是汉文的“龙”，不敢苟同。汉文中的龙是具形体的，有鳞及须、五爪，可以兴云致雨；而藏文典籍中的龙所指较为模糊，泛指地下的，尤其是水中的动物，如鱼、蛙、蝌蚪、蛇等。如同其他原始神灵一样，在历史的发展中，龙神有其演化过程。早期的龙神不但形象模糊，而且居住地也纷纷繁繁。中期的龙神是以明确分工的形式出现的，已经归入系统中的神。藏文典籍中，晚期的龙神有一些龙王、龙女的故事，如吐蕃第二十九代王没卢若娶龙族女为王后。它已将泛化的龙神形体单一化，抹去

祭山神

了早期龙神不断害人的精怪性，使它成了善神。这可能是藏汉、藏印民族文化交流的结果。

年神和山神 实际生活中，年神、山神、土主等很不好区分，如著名的雅拉香波、阿尼玛卿神山，它们既是山神，又是大年神。从后期苯教对年神的分类看，年神已经囊括了自然崇拜的诸多方面，一类称白年神，居住于天，像日、月、星、云、虹等；一类称黑年神，居住于地，像山、崖岩、森林、海、水等处。

年神是一种在山岭沟谷中游荡，在石缝、森林中安家的神。据说年神很容易为人类触犯，从而降下灾难，像鼠疫等就被称作年病。因此每到一山一水，都要小心，尤其到了水关和山口，不能高声叫喊、随便吐唾沫、擤鼻涕，拉屎撒尿更要注意选择适当的地方，否则就会得病。年神的寄宿处和山神的寄宿处往往是同一的，那就是“拉则”。

玛尼石上插风马

知识链接 **拉则** 在藏区，通常人们用石头垒起或用特制的箭杆插起，其上挂着经幡、三色五色的彩线、彩布、哈达、白羊毛等吉祥驱邪饰物。藏语称“拉则”。

在祭年神或山神时，要煨桑、插箭杆、放风马。煨桑即是烟祭，用柏树枝燃烧起来，洒上糌粑面、净水诸物。插箭杆时一般忌讳插无颜色的白杆，而且日子、杆数均有讲究，一般选择节日、早晨，杆数以单数为好，但忌讳21这个数。放时还要缠上羊毛，甚至哈达。有些地方甚至将真刀真枪也放进“拉则”里。一插入“拉则”里就成了神物。风马主要有挂和放两种。挂的风马印在布上，黄、蓝、白布均可，上面配以经文，挂在“拉则”的箭杆上或“拉则”周围的树上，灌木扯起的绳子上，有些也挂在门楣和屋顶高处，象征运气、气数，日晒雨淋，随风飘扬。当桑烟滚滚升

煨桑

藏历年挂风马旗

知识链接 **风马** 藏语称"龙达","龙"为风,"达"为马,风马是"龙达"的直译,有人也译为"神马""祭马""禄马"等。风马有印板,有木质、铁质、铜质、银质的,用时涂上颜色印在纸上或布上。纸大多用白、绿、红、黄纸,印板多涂红黑二色。风马大多是1匹,也有2匹、4匹的。

放风马意义大约有三:一是山神需要骏马,保卫部落的安全;二是给天神作贡,乞求天神保佑,只有风马可以跃入高空,见得天神,告以民众的心愿;三是代表着自己的命运和部落的命运。

起时,致祭者一面将风马抛向烟头,一面祷告,做诸种祝愿。

赞神 赞神是苯教神灵中地位较高的神,它们住在天空中。赞神和年神的界限不好区分。从后期的一些材料分析,赞神是一种以天空为基地的更为凶悍的神,形体如牛、马、猪等。它们是一种被神化了的形象,是一种以猛兽为基本特征的三头六臂的恶魔(或者说鬼怪精灵)。莲花生在藏地降服的所谓恶魔中,除了年神,也有赞神,如长着猪头的"多杰帕姆"和长着马头的"达则"等,至今仍然作为佛教的护法神供在寺院里。

土主 土主(土地神)与山神(年神)、龙神等在苯教中是很难区分的。说它与山神相混,是因为它同样主管着山和山上的花草树木、飞禽走兽;说它与龙神相混,是因为苯教的一些典籍上将它归入龙族,守护着地下的一切宝藏。因此,土主具有龙神和年神(山神)在土地问题上的双重特点。它既是地上的财富,如树木、花草、飞禽、人的主人;又是地下的财富,如金银铜

祭土地神

铁、各种珠宝玉器的主人。庄稼的收成好坏，人们的生活劣佳，都与它有关系。

家神和灶神 家神是与人关系最为密切的“朝夕相处”的神。家神和灶神尽管许多场合下形同一体，然而在另一场合下却各有区别。灶神有固定的神位、活动场所和职责；家神仿佛没有固定的神位和活动场所，职责范围也较灶神广。灶神在苯教中被认为是现实世界的国王什巴桑波奔赤与后曲坚木杰莫所生的第七女恰则杰莫，它是财神和母牛女神，又是马神、牦牛神、羊神、山羊神、门神等神之母。

灶神的主要职责与做饭和火等厨房里的事有关。灶神同家神

藏式厨房

一样，没有具体的形象，因此其神位也依照各个家庭厨房里灶神不同的位置来确定。有的以锅台上面的墙为灶神神龛，若烧奶、茶等，先要向墙上泼洒一些，然后人才可吃喝；做出的食物在人享用以前也先要献一点放在墙下的锅台上，让灶神享用，倍加供敬。有的以厨房里的某一根柱子为灶神的神舍，抹点酥油或挂一些麦秆或一点羊毛或拴一节牛皮绳等。一般在这个特殊的柱子上不挂其他东西，更不能挂脏东西。有的家庭并不设定象征灶神的柱子和墙，而是以灶火本身为灶神依托处。

大昭寺屋檐下的狮子

动物崇拜

雄狮崇拜 藏人对狮子的崇拜十分久远，且经久不衰。见于史籍的是吐蕃的军旗上绘有狮子，足见狮子在当时藏人心目中的地位。

布达拉宫“边玛”墙上的狮子形象

藏人对于雄狮有极为广泛的尊崇心理，在脍炙人口的《格萨尔王传》中格萨尔的另一尊号便是“雄狮大王”，因为雄狮这一形象代表着勤劳、勇敢、威严、凶猛、无坚不摧、无往不胜，是藏民族精神的重要组成部分。在民间，它是绝望中的希望，孱弱者的力量，是气节，是冲锋，是牺牲，是蒸蒸向上的正气。“像雄狮那样活着”，这是无数人的信念和座右铭，也是老一代人对青年们最好的教导和期望。

野牦牛头

牦牛崇拜 牦牛被藏人视为图腾的主要理由是：其一，以藏族发祥地的部落名称说，当初天神之子聂赤赞普自天而降，“遂来作吐蕃六牦牛部之主宰”。其二，藏族民间传说、神话传说中有许多尊崇牦牛的记载。

羱羝崇拜　羱羝为大角牡羊。《新唐书·吐蕃传》记载："其俗重鬼右巫，事羱羝为大神。"这种以羱羝为大神的岁月同样十分悠久。在过藏历年时，除了五谷斗"切玛"外，还要摆一个羊头。"切玛"、羊头等有两层含义：一是祝贺上年的丰收，二是瑞兆来年的农牧收成。

"卓索切玛"——涂有各种颜色的绵羊头

鬼魂和祖先崇拜

阳神和战神　阳神和战神是同时存在于一人体内的两个神。《吐蕃王统世系明鉴》记载，止贡赞普错误使用狐狸和狗的尸体，使战神和阳神脱离自己的身体，结果上了当，被罗阿所杀的故事，是目前所见最早最完整的有关阳神和战神的史料。这种人体中阳神的存在，在甘肃、青海地区的藏族中，甚至邻近藏区的土族、蒙古族、汉族中也有类似说法。

同阳神一样，战神依附在人的肩上。在打仗时，它一方面帮助自己的主人打击敌人，另一方面竭尽忠诚保护自己的主人。从《格萨尔王传》中看到，战神的种类也很多，如"十三战神威尔玛""战神之主宁达神"等。这些战神，有人的保护神，有部落的保护神。部落的保护神实质上就是山神。马的身上也附着战神，一则壮马威，说明马的神奇勇猛；二则是烘托人的神威。

寄魂物　寄魂物，藏语称"索拉"，是指一活着的生命（主要指人）在另一物体上的反映。《格萨尔王传》中出现了许多命根子牛、命根子鸟或寄魂湖之类的词，实际是一个意思。寄魂物有两种类型：一是个人的寄魂物，二是部落（集体）的寄魂物，都有一个或多个，所依托物仍然是树、牛、山、水等，只是有些类型的数量有所增加。

图腾崇拜

藏人是猕猴和罗刹女的后代，这在藏区是尽人皆知的。所谓"猕猴变人"的故事，在民间广泛流传。西藏山南地区贡保山上留有猕猴洞、泽当（猕猴玩耍坝），有猕猴向人转变时留下的第一块下种的土地，成为藏族人民瞻仰、朝祭的圣地。猕猴作为藏人图腾受到崇拜。

灵物崇拜

护身符 护身符在藏区几乎是每个人都有的。护身符实际的含义仍然比较原始，对人自身仍然起着防病驱邪、保佑吉祥平安的作用。尤其是小孩，佩戴护身符更有实际意义。护身符一般都戴在胸前，有银制、铜制，甚至金制的，里面绘有小佛像或者写有佛教经文、咒语，戴在身上可以避灾消难。

▲

镇寺面具

央 藏族所说的“央”也是一种灵物崇拜。“央”很难有准确的汉语对应词翻译，整体来讲是指一种福气、运气和宝气。它是一种活的东西，是一种灵气。看不见，摸不着。有的是活物，死物也有，尤其是珍宝，如寺院里供养的象牙、海螺、翡翠、珊瑚等都有“央”。有“央”的就是宝物，佑人避邪。

藏族家里都要供一支九节的箭，称“央达”，供在家神之旁。若这家人丁兴旺、牲畜兴旺，说明这家人有“央”，反之则说明这家人的“央”散了。藏人认为“央”无可捉摸，但实际存在，所以一个家庭的护“央”工作就显得十分重要。藏人在卖牛羊前要拔下一撮毛留在家里的神柱上，就是防止“央”在卖中被带走，给家庭招来不幸。姑娘出嫁也要招“央”一番，比如拉萨，在姑娘离家后，就有人站在屋顶上叫唤：“别把我家的福气带走啊！”实际就是在招“央”。

藏民族的精神财富——苯教

“苯”是藏文古词，“念诵”之意。据说早期的苯教徒常念诵密咒，祈福禳灾。咒语等的产生或来之于早期的语言崇拜，藏族民间对藏人之吐舌风俗有一种解释说：1727年，蒙古准噶尔部入侵西藏，加害宁玛巴和苯教徒，让其伸出舌头来辨别，因为宁玛巴和苯教徒常念咒语。这些咒语，咒人可使人肝脑崩裂或精神失常，咒事可使事事生障，不可竣成。因为长期训练，传言他们的舌头是呈黑色或紫色的，相沿成习，成为藏人表示对达官贵人敬畏的一种礼节，传至今日。后期称苯或苯波可以说是一种通称，将奉行不同仪规、念诵不同咒语的苯教徒均归入其中。实际上，苯教自身也分派别，如将信魔者称“都苯”，将信赞神的称“赞苯”，尚有“天苯”“地苯”等称。

苯教祖师

辛饶·米沃且是苯教祖师。“辛”是氏族名，“饶”有“殊胜”“至高无上”等义，“米沃”谓“人”，“且”为“大”之义，可理解为“辛氏族中殊胜的或最高的伟人”。

辛饶·米沃且的出生地点和时间一直是学术界争论的问题。《具福颈严论》中说：辛饶·米沃且在大食的魏摩隆仁地方，在中央国都策麦阳比耶城“中层宫殿，三十八城之巅，投入国王天女妃之胎。于木阳鼠年，夏季火虎月（寅月）之十五日，黎明前能分清手纹时分，从母之右肋，用雍仲凿穿而出，奇异瑞相成万迎接，身形成庄严相好”。从这段文字我们只知辛饶出生不凡，却很难断定他出生的时间。至于辛饶的出生地点，大多数学者据苯教史籍所讲，都承认是魏摩隆仁，只是魏摩隆仁的具体位置有歧义，一说是在大食（今伊朗），一说是在象雄（今西藏自治区阿里地区札达县境内）。

辛饶如同佛祖，有明述苯典、弘扬苯教、调伏众生、引渡众生、主持国家、神变子嗣、降伏妖魔、果道兴旺、成道明相、断除轮回、证果解脱、终得成就十二成道事迹。

苯教的三个发展阶段

笃苯　笃苯意为“涌现苯”，指本地产生的苯教。《苯教史》《吐蕃王统世系明鉴》《吐蕃王臣记》《红史》等史籍中说：自聂赤赞普至赤吉脱赞，“凡二十六代，均以苯教护持国政”，说明苯教在聂赤赞普之时已生根藏土了，因此，苯教的出现时间大约在公元前117年前，据说是一个叫策米辛吉莫嘉的人传入，并不是苯教始祖辛饶·米沃且，史称白苯教。这个时期苯教，下镇鬼魂，上祀天神，中兴人宅之法。认为有地方神、家神、战神、舅神等诸神祇的存在，人死可为鬼神，鬼神灭可转为人，故而承认

辛饶·米沃且画像

有前世后世，有点滴粗浅教义。

洽苯 洽苯意为“游走苯”，指自外流传来的苯教。据说在第八代藏王止贡赞普时，吐蕃地区的苯教徒无法超荐震慑凶煞，特意从克什米尔、勃律、象雄等地请来三位法力超群的苯教徒。又说，也在此时，阿里象雄地方人辛饶·米沃且，将大食传入藏土的外道大自在天派之见地与原来藏土的苯教见地相融合，创立了洽苯，史称黑苯教，亦称“囊辛”。它与白苯教的根本区别是，不承认前世后世之说，承认现实生活中有鬼神存在，鬼神不但可以主宰活着的人的生命，可以在人死后，带去他的灵魂，危害死者的后代、亲友和家庭。只有神可以解除鬼的危害，因此杀牲祭祀、祈福、禳解等成为这种苯教的又一大特点。

觉苯 觉苯意为“翻译苯”，指自佛教传入藏土，佛苯进行斗争，苯教徒篡改佛典而形成的苯教。觉苯主要产生在8世纪赤松德赞时期。

佛苯斗争

佛教传入藏土，佛苯斗争随之而起。以苯教为主体的藏族文化和以来自印度的佛教文化之间，在思想理论和修行次第以及风俗习惯方面产生了强烈的撞击。据说松赞干布因崇信佛法，受苯教徒诅咒，只活了34岁。赤松德赞（755—797年在位）时期这种斗争日益激化。据史料记载：赤松德赞之父王赤德祖丹（704—755年在位）笃信佛法，曾屡次遭到大臣们的诘难。赤德崩驾，赤松德赞幼年即位，权力操纵于大臣玛绛春巴杰等崇苯大臣之手，信佛大相卧·东则、朗·泥色被处死，信仰佛法的其他一些大臣或被革职或被流放，许多寺庙被烧毁、关闭或改做屠宰场。后崇佛大臣桂·赤桑、尚列桑收买赞普的卦师等人，巧计将玛绛春巴杰诱入坟墓闷死。赤松德赞亲政后，于759年在墨竹苏浦地方举行佛、苯辩论，苯教失败，他下令禁止杀牲为活人祭祀等活动，禁止信仰苯法。到朗达玛赞普（841—846年在位）时期，苯教徒缢死了虔诚信仰佛法的赞普赤热巴巾（815—841年在位），重新获得了政治上的权力，进行了大规模的灭佛运动，封闭寺庙，捣毁佛像，焚毁佛经，强迫佛教徒信仰苯法，让他们去当兵打仗、狩猎。从此吐蕃王朝瓦解。

假如说，苯教有受波斯袄教影响的第一阶段的话，从赤松德赞时为了苯教派的存在和发展，苯教拼命改佛为苯，使佛教的内容充斥于苯法之中，从而使苯教积极向佛教靠拢，使苯教佛教化，也可以说是苯教受外一教派影响的第二阶段，即所谓觉苯时期。以此为始，篡改佛经为苯经者屡有出现。如辛古鲁伽，在苯教圣地达裕卓拉，将大量佛经改为苯经，《广品波若》改为《康勤》，《二万五千颂》改为《康穷》，《瑜伽师地抉择分》改为《苯经》等等。辛古之后又有穷波苯教徒，亦改篡佛经不鲜。如此，苯教完成了自己新的佛教化了的理论体系。

苯教的不断变化与藏族社会的发展是相一致的。以苯教为代表的古象雄文明对藏族文化的贡献是巨大的。从现在藏区的情况看，苯教寺院和苯教徒仍然数量不少。

苯教神祇

苯教拥有众多的神灵，成为系统。

最初四尊　最初四尊是指萨智艾桑、辛拉俄格尔、桑波奔赤、辛饶·米沃且。他们是苯教最早的神，除辛饶外，其余三尊神同样是因神话而成。在信仰苯教的藏区和信仰佛教地区的壁画、唐卡画（轴画）上都可以见到他们的尊容。

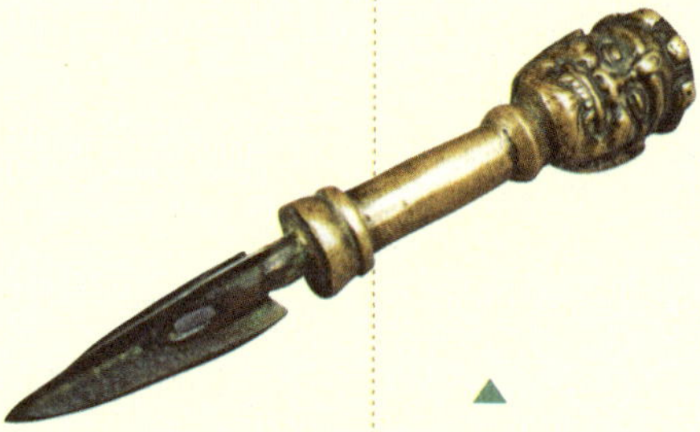

▲

金刚橛

以最初四尊为基础，产生了苯教的神系，奠定了苯教教义的一些基本内容，诸如光明与黑暗、慈善与邪恶等二元思考等。

苯教认为神界有四重天：第一层为什巴贡桑，是众神会聚、讨论凡事处。第二层为什巴叶桑，现实世界的国王什巴桑波奔赤就居住在这里。第三层为巴拉俄塞，是诸神降世或返回天界时的净身处。第四层为赤杰曲巴居住的天国。

塞喀五神 塞喀五神是指贝塞恩巴、拉部托巴、卓却卡迥、格措、金刚橛（降魔橛）。这五位神都属令人恐怖的护法神类型。奇怪的是，贝塞恩巴、拉部托巴、卓却卡迥基本上是一个妻子的丈夫。这个女神便是九姐妹中的大姐南希贡杰。南希贡杰首先是拉部托巴的妻子，而在一些具体的环境中，使用别名又成为贝塞恩巴和卓却的妻子，这或许也是藏区古代生活的一种反映。

“生命的主宰”——藏传佛教

藏传佛教的形成

佛教最早传入藏地的时间，史书记载是在吐蕃第28代王拉脱脱日年赞时，据说当时从天空降下佛教经籍和金塔。7世纪时，赤尊、文成两公主进藏，带来部分佛像和佛教经典；同期，吞米·桑布扎师徒与印度阿黎古萨诺和婆罗门香嘎、克什米尔人达奴、汉和尚玛哈德娃才等翻译了《宝云经》《宝箧经》《宝集咒》《月灯经》《百科拜悔经》等佛教经籍。译经的开始标志着佛教真正进入藏地。

随着传自印度的佛教文化在藏区的传播，以苯教为代表的藏族文化对佛教文化的侵入，进行了坚决的抵制和斗争。佛苯斗争日趋激化，发生了尊苯大臣玛绛春巴杰等处死大相末·东则和朗·梅色，崇佛大臣桂·赤桑、尚列桑等施计活埋崇苯大臣玛绛春巴杰，佛苯辩论，“七试人”受戒出家等事件。苯佛斗争以达玛赞普被崇佛僧人拉隆贝吉多吉所暗杀、吐蕃王朝解体、诸邦割据、藏民族进入了自己的悲剧时代而告一段落，无形中给藏传佛教诸教派的形成创造了社会条件。

藏传佛教诸教派

藏传佛教诸教派的形成经历了数百年的历史。

宁玛派 11世纪中叶，赛保且建俄巴隆寺，创立宁玛派。宁玛派的教义主要是“大圆满法”，并认为“自己灵觉，无有污垢，明空无执，宽坦任运，忘念境相，乱起乱灭，都不作意，远离一切美恶，破立分别，但保任此明空赤露，此则大圆满修习之心要”。另外“九乘之法”也是宁玛派的重要教法。

噶当派 1056年，仲敦巴修热振寺，产生噶当派。噶当派以修习显宗为主，兼修密法，以《大乘经庄严论》《菩萨地》《集菩萨学论》《入菩提行论》《本生鬘论》《集法句经》《菩提道炬论》等为主要修习经典。

知识链接 **热振寺** 藏传佛教噶当派的祖寺。位于拉萨林周县北部，始建于1051年。修建者是噶当派始祖仲敦巴嘉吾穷乃（1004—1064），藏历“火空海”纪元381年生于吐蕃堆龙地方（今堆龙德庆县羊八井一带），先后师从赛尊、班智达弥底学习佛经和梵文、因明学。恩师阿底峡圆寂后，仲敦巴率徒众修建了热振寺和供奉阿底峡法体的银塔。自此，仲敦巴继承和弘传阿底峡的经教，逐渐形成了噶当派，即为格鲁派（黄教）的前身。

热振寺

萨迦派 1093年，昆·贡却杰布修萨迦寺，产生萨迦派。萨迦派教义中最为独特的是“道果法”，以修“明空无执”或“生死涅槃无别之见”。有显密之分。

萨迦寺

噶举派 噶举派形成于藏传佛教的“后弘期”，由玛尔巴译师开创。噶举派是藏传佛教的重要宗派之一。噶举派注重密法的修习，而修习密法又必须通过师徒口耳相传的途径。噶举派有两大流派：香巴噶举和达波噶举。

香巴噶举，1121年，琼保南觉建香雄寺，产生香巴噶举。香巴噶举未久传。

达波噶举，1121年，达波拉杰建达拉岗保寺，产生达波噶举。达波噶举分为四派：1158年，帕木竹巴修帕木竹寺，产生帕竹噶举；1160年，达玛旺久修拔绒寺，产生拔绒噶举；1147年，都松钦巴在多康昌都类乌齐修噶玛丹萨寺，产生噶玛噶举；1175年，蔡巴·尊珠札建蔡巴寺，产生蔡巴噶举。其中的帕竹噶举又分止贡、达垅、主巴、雅桑、绰浦、修赛、叶巴、玛仓等八小派。噶举派宗中观应成派见，以“大手印”为主要教法，口耳相

格鲁派僧人

知识链接 **玛尔巴（1012—1097）**出生于前藏南部洛扎曲其普，本名却吉洛追，藏传佛教噶举派创始人，著名的译经大师。初从卓弥学梵文，后三赴天竺，四赴尼泊尔，参访了班钦那诺巴、麦哲巴、吉译智藏、大成就寂贤等大善知识108人，尽学《集密》《胜乐》《喜金刚》《摩诃摩耶》《四座》等大瑜伽父续母续之讲解、教授、实修等，悉数翻译流布。玛尔巴回藏后以洛扎地方的卓窝垄为据地，授徒传法。他一生未出家，其形象特点是白衣瑜伽士，为此派祖师形象的共同特点。玛尔巴门下弟子众多，其中著名的有俄敦·却吉多吉、楚敦·旺安、麦敦·村波索南坚赞和米拉日巴，号称“四大柱”。

传，重视密宗修炼，如修“拙火定”颇有影响。

格鲁派 1409年，宗喀巴大师创立了藏传佛教格鲁派。“格鲁”一词汉语意译为善规，指该派倡导僧人应严守戒律。该派僧人戴黄色僧帽，故又称黄教。创教人宗喀巴，原为噶当派僧人，故该派又被称为新噶当派。格鲁派既具有鲜明的特点，又有严密的管理制度，因而很快后来居上，成为藏传佛教的重要派别之一。

除上述大的教派外，也形成一些小的教派，如印度僧人帕·当巴桑杰所传的希解派和觉宇派，玉摩弥觉多杰吉所传的觉囊派，果札巴·索南坚赞所传的夏鲁派等。

莲花生和宗喀巴

莲花生和宗喀巴是藏传佛教发展史上两位十分重要的人物，在藏传佛教的许多寺院里都供有他们的塑像或画像。

莲花生 主要功绩为翻译、传播密宗、化苯为佛。8世纪莲花生进藏后总结了以往佛教在藏地失败的经验，让佛教尽量地靠近藏地固有的原始宗教苯教，即所谓“降妖除魔”，将苯教的地方神祇收为佛教的护法神，如将“十二丹玛”收为佛教的护法神。这一措施是佛教立足吐蕃的关键性

莲花生塑像

措施，使藏人对佛教不再怀敌视态度；他还接受了煨桑等苯教仪式。同时，他于766年协助建造了藏族历史上第一座寺院桑耶寺，并亲自主持了开光仪式。这在藏族佛教史上是卓有影响的里程碑式的事件。后来赛保且建俄巴隆寺，立藏传佛教第一个教派宁玛派，重修密宗教法，推崇莲花生，称祖师。

宗喀巴 宗喀巴被后世尊称杰仁波且，被认为是文殊菩萨的化身，是世界驰名的佛学泰斗。宗喀巴一生勤奋，曾学噶举派的“大手印法”“那绕六法”，精通显宗、密宗，对噶当等其他教派教法也有学习研究，并著有《菩提道次第广论》《密宗道次第广论》《辩了不了义论》等，以中观正见破他人的异见邪说。

宗喀巴铜鎏金像

作为一名宗教领袖，宗喀巴和他的弟子们修复古刹，兴建寺庙，如建甘丹寺、哲蚌寺、色拉寺等，使藏区

桑耶寺

甘丹寺

成千上万的僧人归入寺院，相应地减轻了对老百姓的滋扰侵害。又由于他崇高的威望，封建贵族的不断封赐、布施、馈赠，使寺院同样获得了土地、财产，为独立的寺院经济的建设打下了坚实的基础。更重要的是，他摸索出一套先显后密、显密双修的修习方法，使僧人开始按部就班地学习显宗。

活佛转世制度

活佛转世是藏传佛教为解决教派首领法位传袭、财产继承等一系列现实问题所采取的一项特殊措施。最早采用活佛转世制度的是噶玛噶举派。

活佛转世制度的产生　噶玛噶举的创始者为都松钦巴，是康区哲雪人。早年学习噶当派法，而立之年求学于塔布噶举派创始人塔布拉杰。1147年，在康区建噶玛丹萨寺；1187年，在西藏堆垅地方再建楚布寺，故声名俱增。都松钦巴死后11年，噶玛拔希出生，求学于都松钦巴的再传弟子崩札巴，成为噶玛噶举派的高僧，声名显赫。1256年噶玛拔希受蒙哥汗诏见，去蒙古和林会晤蒙哥汗，蒙哥汗赐给他一顶金边黑色僧帽和一颗金印。1283年，圆寂于粗卜寺。

为了不使噶玛噶举派由噶玛拔希的离世而衰落，噶玛噶举派的僧人们第一次采用活佛转世制度解决继承人问题，将1284年生于后藏贡塘地方的让琼多吉立为噶玛拔希的转世活佛，并追认都松钦巴为第一世活佛。如此，噶玛拔希就为第二世，让琼多吉就为第三世活佛了。因蒙哥汗赐予噶玛拔希的那一顶金边黑帽，此派便称为噶玛噶举派黑帽系。此后的活佛便一世一世传了下来，至今黑帽系活佛已传十六世。噶玛噶举派采用活佛转世方法以后，藏传佛教其他教派也多效法，遂成为藏传佛教一独特的制度。

都松钦巴
铜鎏金像

灵童的寻访和确认 一般来说，大活佛灵童的寻访比较复杂，小活佛的灵童寻访比较简单。现以九世班禅活佛灵童的寻访为例作一介绍。牙含章《达赖喇嘛传》记载：

八世班禅丹白旺修圆寂后，扎什伦布寺即着手寻访九世班禅灵童。1887年3月，扎什伦布寺派苏苯堪布旺加、大卓尼达娃二人来到拉萨，向达赖"禀到"，献哈达、曼札，并请示九世班禅灵童找寻的方向问题。4月10日，达赖在布达拉宫吉祥天母佛像前打卦问卜……扎什伦布寺即派人分赴卫藏各地寻访灵童，结果访得三个小孩，一是前藏达布地方的（即九世班禅），一是前藏拉冒地方的，一是后藏托不甲地方的。按照清朝政府的规定，这三个灵童要经过金瓶掣签的手续，确定一人为九世班禅。

11月，经过光绪皇帝批准，确定在1888年正月十四日，举行九世班禅灵童的金瓶掣签仪式。

正月初四，扎什伦布寺的札萨喇嘛罗桑团柱到达拉萨……初五日……向达赖献了哈达、曼札、古松图，札萨喇嘛同时向达赖提出班禅灵童确定后，要请达赖给灵童剪发、取法名、作一篇赞词与一

楚布寺

楚布寺
查玛舞

楚布寺莲
花生塑像

篇消灾经文。

正月十四日，为九世班禅灵童举行金瓶掣签之日。仪式在布达拉宫的萨松南杰殿举行。出席者达赖喇嘛摄政第穆呼图克图、驻藏大臣、扎什伦布来的全体僧俗官员、念金瓶经的喇嘛多人首先到达布达拉宫，以及三个灵童和他们的家庭。三个灵童的名字，用满、汉、藏三种文字写在三个象牙牙签上，呈给达赖、摄政、达赖佛师，及驻藏大臣、扎寺札萨喇嘛过目，然后由满洲秘书将牙签用纸包好，投入金瓶，即由达赖、摄政、佛师和念金瓶经的全体喇嘛一同诵经。念完经后，驻藏大臣起立，向东方磕了头，然后拿起金箸，在金瓶内搅了三匝，用金箸钳出了一个纸包，打开看时，牙签上写的是达布地方的灵童的名字，于是达布灵童就确认为九世班禅。

▲ 拉萨大昭寺金瓶掣签用的金瓶和象牙签

知识链接 **金瓶掣签** 认定一些大活佛时所进行的仪式。根据清朝皇帝旨意，特颁发两个金瓶，一个放在北京雍和宫，一个放在拉萨大昭寺，凡是在理藩院注册的大活佛，都要抽签掣定。并规定，认定达赖、班禅的灵童时，要将灵童的名字用满、汉、藏三种文字书写在签牌上，再最后测定。

大昭寺 ▶

除达赖、班禅两位至高无上的活佛喇嘛外，也有一些是受朝廷册封的活佛，如青海有章嘉、阿嘉、色赤、东谷、惹科、闵珠、曲桑、土观等八大呼图克图，又如嘉木样一世，1720年被康

熙帝封为“扶法禅师班智达额尔德尼诺门罕”，赐金册金印，准穿黄色马褂。像西藏四大林寺（功德林、策墨林、策觉林和丹吉林）的呼图克图，其地位仅次于达赖、班禅，可以出任摄政。当然，更多的是无品位的，没受到过册封的活佛。各个层次的活佛，无论是在藏区的宗教生活中，还是在政治、经济生活中都起着非常重要的作用。

三世章嘉呼图克图茄贝多吉银间镀金像

第三章
语言文字与典籍文化

藏民族拥有自己的语言文字——藏语、藏文，藏语属汉藏语系藏缅语支。据载，公元前六七世纪的古象雄时期就有古象雄文。

文字的产生，为藏民族创造丰富的典籍文化提供了有利条件。今天，我们看到的藏文经典，可谓汗牛充栋，浩如烟海。

语言文字

藏语

藏语伴随着藏族的漫长历史发展而产生，它从早期便积累或走过了若干同一语族的融合过程。从藏语的发展演变看，在其经历的统一过程中，有三样东西起到了主导作用，即：共同的经济生活、共同的原始信仰和苯教、共同的政治同盟（邦国）。

藏语属汉藏语系藏缅语支，就现在而言，除中国境内的藏族外，在尼泊尔、不丹、巴基斯坦、印度境内也有一部分人使用藏语。藏语主要分为卫藏、康、安多三大方言区。“卫藏”主要指现在的西藏自治区，“康”主要指现在的四川省甘孜藏族自治州、青海省玉树藏族自治州等地区，“安多”主要指现在的青海、甘肃以及四川省阿坝藏族羌族自治州等藏区。

学写藏文

藏文的创制

藏文的创制年代久远，许多学者认为松赞干布之前就有藏文，其中一些研究苯教的学者甚至认为在公元前六七世纪藏人就有文字了。不过，那时的文字是古象雄的“玛尔文”，它和汉字的甲骨文相类似，主要用于苯教的咒誓、祭祀、禳祓活动和记载它们的经文，并没有普及到世俗社会，而且持续了千余年，直到7世纪松赞干布时期。

据藏文史籍记载，吞米·桑布扎创制了藏文。这一传统观点受到主张藏文在此之前早已产生的学者们的质疑。但是，笔者以为无论吞米·桑布扎以前有无藏文，至少他对藏文或进行了改造，或进行了另外的创造，其贡献同样是巨大的。

关于吞米·桑布扎创造藏文之事，伴随着许多生动、优美的故事。据说他精心创制藏文是为了吐蕃人缺乏文字的诸多苦处。当时松赞干布从几百名聪明颖悟的青年中挑选16名优秀青年，在极其艰苦的条件下由吞米·桑布扎率领去天竺等处拜师求教，学习文字。最后其他15名青年由于严寒酷暑，气候不适等种种原因，辞离人世，唯有吞米·桑布扎学成回到吐蕃，依照梵文模式，创制了藏文。

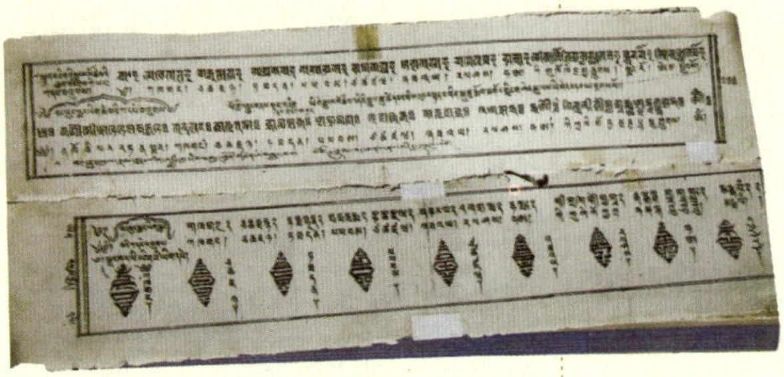

古藏文

知识链接 **吞米·桑布扎** 生卒年不详，“吞米”是其族名，或可称为姓，“桑布扎”是其名。作为吐蕃王朝赞普松赞干布时期七贤臣之一，官至御前大臣。7世纪，诞生于雅鲁藏布江南岸的今西藏山南地区的隆子县。

藏文是辅音字母式的音素拼音文字，共有30个字母，按语音的发音部位，4个一组，排列成7组半。无元音符号的音节都有“a”元音。此外，还有5个反写字母用来拼外来语。藏文书写时主要分草书和楷书两类，从而也形成了丰富的书法艺术。

在一千三百多年前，吞米·桑布扎不仅创制了藏文，还写成

知识链接

30个字母

ཀ ka	ཁ kha	ག ga	ང nga
ཅ ca	ཆ cha	ཇ ja	ཉ nya
ཏ ta	ཐ tha	ད da	ན na
པ pa	ཕ pha	བ ba	མ ma
ཙ tsa	ཚ tsha	ཛ dza	ཝ wa
ཞ zha	ཟ za	འ va	ཡ ya
ར ra	ལ la	ཤ sha	ས sa
ཧ ha	ཨ a		

4个元音符号

ཨི i ཨུ u ཨེ e ཨོ o

吞米·桑布扎雕像

了严密的《性入法》和《三十颂》等语法著作，不但在中国遥居首位，在世界语言学发展史上也是较早的。翻译了《二十一显密经典》《宝星陀罗尼经》《宝箧经要》《十善经》《般若十万颂》等经典。吞米·桑布扎为藏人点亮了眼睛，受到藏族人民的热爱，诸多的绘画、雕塑中都可以看到他的身影。

知识链接 **藏文的使用符号** 分字标、句标、章节标、卷帙标、卷数标、边框标、帙签标，被称为藏文典籍的7种形式，藏语称7种标记。

厘定文字

随着佛经的翻译，藏文的广泛应用，文字的衍生、歧异逐渐增大，文字的厘定即规范化自然摆到了当时的文字工作者（主要是翻译家）的面前。藏文在历史上有三次厘定的记载，第一次是收于《丹珠尔》部的语合二章，对厘定文字的内容、时间、成就做了叙述；第二次是据《贤者喜宴》介绍，诏命颁布有印度堪布参与译定的藏文，时间在814年；第三次是热巴巾时期对藏语的部分词语再次厘定。三次厘定文字的时间，不尽相同，但它对藏文发展的影响是长远的、深刻的。

典籍文化

在漫长的有文字的历史中，藏民族创造了丰富的典籍文化，可谓汗牛充栋，浩如烟海。从文化继承和文化传播的角度看，藏族典籍文化有以下一些特点：

一是以金石铭文及竹木简牍和早期写卷为代表的古文献，忠实地记录了藏族在青藏高原生存、进取、发展的历史（尤其是唐以来的历史），涉及物质文化和精神文化的诸多方面。通常我们以敦煌古藏文文献和敦煌写卷称呼，饮誉世界，成为国际敦煌学和藏学研究中的重要文献。这一领域的研究，有现代著名的藏族学者更敦群培的高论和令人耳目一新的见解。20世纪80年代以来，王尧教授等在古藏文文献的搜集、译注等方面做了不少工作。

二是以《大藏经》为代表的佛教典籍。这部丛书从初步的翻译到编辑目录再到刻板印刷，经历了千余年的历史，它是当今世界保存佛教原貌最完整、最精确的文化瑰宝，也是藏人对东方文明和世界文化所做的最为杰出的贡献之一。

三是藏族的贤者大德们在文、史、哲、艺术和自然科学等方面留有丰富的作品，在本民族传统文化的基础上通过对佛学的学习、研究、阐述及对印度文化的吸收，形成独具特色的高原藏文化系统。

藏文版《甘珠尔》

金石、铭文、简牍

在一般习惯上，研究者将吐蕃时期的金石、铭文、简牍和写卷统称为敦煌古藏文文献。实际上，古藏文文献不完全出于敦煌。目前的许多金石、铭文多出于西藏地方之拉萨和山南地区，而简牍在新疆、甘肃武威、青海都兰等地区均有出土。因而笔者认为，一般称吐蕃古藏文文献或古藏文文献较为合适，既可囊括写卷、简牍，又可尽收铭文于其中。

据《吐蕃金石录》等记载，目前收集到的金石铭文有13件，其中钟3件，崖刻3件，其余均为碑。列表如下：

名称	内容	年份	地点
唐蕃会盟碑	会盟	832	拉萨大昭寺
恩兰·达扎路恭纪功碑	纪功	764	拉萨西郊
第穆萨摩崖刻石	封授	798—815	林芝县布久乡
谐拉康盟书刻石（一）	述德	798—815	墨竹工卡县仁多港乡
谐拉康盟书刻石（二）	述德	812	墨竹工卡县仁多港乡
谐拉康无款残石	祭祀	798—815	墨竹工卡县仁多港乡
赤松德赞墓碑	述德	815—836	琼结县
噶迥寺建寺碑	述德	798—815	若玛岗
桑耶寺兴佛证明碑	封授证盟	779	扎囊县桑耶乡
尚·蔡邦江浦建寺碑	封授证盟	815—838	堆龙德庆县楚布寺
桑耶寺钟	祈愿	779	扎囊县桑耶乡
昌珠寺钟	祈愿	798—815	乃东县昌珠寺
扎叶巴寺钟	祈愿	779年以后	拉萨扎叶巴寺

昌珠寺

金石铭文的存在形式是多样的。从以上内容看，有会盟、颁赏、述德、祈愿等，这些碑文无论从文字学、历史学、政治学角度，还是从宗教学、文化学角度，均有重要的文献价值。

王尧、陈践编著的《吐蕃简牍综录》，共收吐蕃简牍464支，多出土于新疆南部罗布泊南岸的米兰故城遗址。当然竹木简牍远不止这些，在今甘肃、青海境内也有发现。同于金石铭刻，这部分简牍有重要史料价值，涉及吐蕃时期的经济（赋税、信贷等）、军事、宗教等诸多方面。

唐蕃会盟碑

竹木简牍的功用与金石铭文有所不同。金石铭文有两个特点：一是多为以朝廷名义或在王朝中央政权所领导下进行的有关盟誓、记功、祭祀、祈愿等事而立，为事多为大事件，为人则多为大人物；其中宗教类型可另当别论。二是从意向和功用看，勒于金石，都是为了千古流传，并不是临时凑合，因而文字考究，书写工整，具体的碑和钟落成的形式也多隆重而庄严，比如唐蕃会盟碑。而竹木简牍要受到具体形式的影响，即短小、易损，短小就不能长篇大论，文字容量有限；容易损坏，就不能长久保存，不能作为永存物的选料。有些竹木简牍右边刻有槽口，可以捆扎，上面加盖封泥，说明简牍多是用于公文驿传等公事的，有些有穿绳用的孔，从文字的书写看，也较简易朴实，无甚讲究；从文字反映的内容看，虽也有要事、大事，但基本是琐碎的杂事，因而所涉范围也较广泛。

典籍文化代表作——辉煌的藏文《大藏经》

藏文《大藏经》是藏族典籍文化中的喜马拉雅山，浩瀚巍峨，横空出世，无与伦比。首先，《大藏经》是一部佛教经典丛

满文版《大藏经》

石刻版《大藏经》

书，它不是数十部或数百部著作的丛书，而是数千部著作的大型超级丛书。比如德格版《大藏经》就有4673部之多。其次，这部超级丛书基本上又由两套丛书构成，即《甘珠尔》和《丹珠尔》。

藏文《大藏经》从翻译到形成丛书，从最初的丛书目录到正式手抄本，从刻印到多种版本的出现，经过了千余年的历史。

从形式看，基本有石刻与木刻两种。石刻《大藏经》除了一些散见的经石外，要数甘肃、青海、四川交界地区的寺院所刻为多。如四川省石渠县的寺院和青海省甘德县的寺院。其中尤以甘德县东吉多卡寺的石刻《大藏经》闻名于世。该寺院有四百多年历史，是一座帐篷寺院，1958年时有僧人五百多人。寺内的经典和佛像刻在当地多见的薄青石板上。经过数百年的积累，据有关专家估计，这里大大小小刻过经典的石板达十万片左右。木刻《大藏经》的版本是很多的。当然，无论石刻也好，木刻也好，都源于早期的手抄本。没有早期的翻译、手抄，就不会有后期的石刻、木刻。

那塘版《大藏经》 作为文化继承和建设的一项宏伟工程，

藏文那塘版《大藏经》的问世，对佛教文化乃至对世界文化的贡献是巨大的。

自吞米·桑布扎创制藏文，佛经翻译随之而起，曾于8世纪辑成秦浦、登迦、旁塘等三大目录。此后随佛教“后宏期”的到来和藏传佛教诸教派的形成，翻译的佛典已有相当规模。13世纪由菊登日贝惹墀（世尊智剑）和卫巴罗赛二人为主汇编成《甘珠尔》和《丹珠尔》，这是最早的《大藏经》手抄本。后布敦大师（1290—1364）参与主持蔡巴《甘珠尔》编定审读，受到藏学界的普遍尊重。

知识链接 **《甘珠尔》**主要内容是佛祖之教典，即所谓三藏四续经典。汉文《大藏经》分为经、律、论三藏，对照来看，藏文《甘珠尔》所辑，主要包括经藏和一部分律藏的内容。如德格版《甘珠尔》共1 114部，经律部、般若、华严、宝积、经部、续部、总目录7部分。

《丹珠尔》的主要内容包括论和一部分律。如德格版《丹珠尔》共3 559部，分赞颂、续部、般若、中观、注疏、唯识、俱舍、律部、本生、书翰、因明、声明、医方明、工巧明、修身部、杂部、阿底峡小部集、总目录18个部分。

五世噶玛噶举活佛德银协巴应诏进京，永乐皇帝下令由他主持在南京以铜版模印《甘珠尔》和《丹珠尔》。六世达赖仓央嘉措曾令建造《甘珠尔》印经院，后因经费拮据而停工。1741—1742年，在颇罗鼐执政时期，又刻了225部的《丹珠尔》经。这些经版在那塘寺大量印行，广泛流传，因而称之为“那塘本”，在诸种《大藏经》版本中负有盛名。

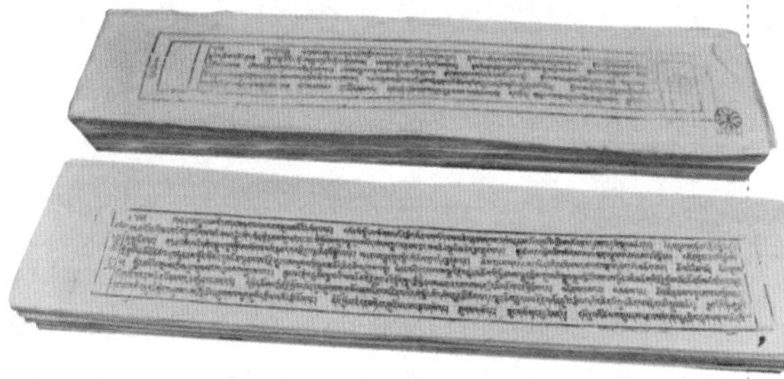

德格版大藏经《丹珠尔》

里塘版《大藏经》 该版本为依蔡巴版校勘雕刻于云南中甸，1908年毁于战乱。

卓尼版《大藏经》 1730年依里塘、德格等版本校勘后刻于今甘肃省甘南藏族自治州卓尼县卓尼寺，1928年毁于战乱。

▲

德格版《平安经》印刷

德格版《大藏经》 1729年始雕，是运用较为广泛的一部《大藏经》，共用经版21万块，雕刻精细。在国外亦多有流传。

北京版《大藏经》 1410年所刻，为永乐版。1605年所刻为万历版，尚有康熙、乾隆时所刻的康熙版（1683年）和乾隆版（1737年）等。

此外尚有青海省海南藏族自治州同德县拉加寺印经院的拉加版、甘肃省甘南藏族自治州拉卜楞寺的拉卜楞版、不丹的普那卡版等。

由于藏族文化的传播，藏文《大藏经》在其他少数民族中也有传播。1294—1307年，依据藏文《大藏经》，蒙古察哈尔部林丹汗将《丹珠尔》译成蒙古文，进行雕版印刷；1790年，由部分藏族和满族学者将藏文《大藏经》译成满文刊印。

流往国外的《大藏经》也不少。如1924年，英国驻尼泊尔代表何德逊，搜罗了全套《大藏经》；19世纪30年代初，俄国从蒙古人民共和国搞到了部分《甘珠尔》，后又从北京搞走全部

《甘珠尔》和《丹珠尔》（又一版本）。时隔不久，北京版《大藏经》（包括《甘珠尔》和《丹珠尔》）运往巴黎、东京。国外研究《大藏经》的历史也不晚，像匈牙利人乔玛（1784—1842），19世纪就向国外读者介绍过藏文《大藏经》。自20世纪50年代开始，这种研究逐渐增多，除论文外，也有不少专著问世。

蒙古文《甘珠尔》书影

藏文《大藏经》作为藏族经籍文化的代表，其价值是不可估量的。它不光是研究藏族文化的珍贵资料，也是研究印度古代文化的珍贵资料，是藏学的超级百科全书。

第四章 礼法与制度

骨系，藏语称རིགས་རུས།或གདུང་རུས།，通常称རུས་པ།，直译为骨系，实际所指是祖系、种姓和血缘传承，或有骨系名称，或将祖先之名、祖籍、房名冠以户名均属此例。实质上许多骨系名称就是藏族的姓。在藏区，骨系制度的存在，同于汉族之宗法制度。

藏族的宗法制度——骨系

骨系，实际所指是祖系、种姓和血缘传承，或有骨系名称，或将祖先之名、祖籍、房名冠以户名均属此例。实质上许多骨系名称就是藏人的姓。在藏区，骨系制度的存在，同于汉族之宗法制度。

关于骨系的传说讲：早先世上没有人烟，只有一个猴子和魔女，他们结亲后用木犁等来从事生产劳动，繁衍子孙。许多年后，来了位仙人，对众多的猴子和魔女的子孙们说，以后你们可以用各自不同的骨头来计算自己的亲属关系。众人问：我们是一个祖先的后代，怎么会有不同的骨头呢？仙人说我身上的骨头可以全部分给你们，以后你们就用这些不同名的骨头分别算作自己的骨名，来表示不同的亲属关系。仙人的骨头据说有360块。

骨系的社会作用

据《黑河县桑雄地区阿巴部落调查报告》反映，在阿巴部落126个骨系名称中，一部分是地名兼骨名，一部分是动物等作骨名，也有一部分不知是骨名还是地名、房名。其中比较典型的一部分是以骨头名称作骨系名称的。如：

古格，肋骨，又作仙草或地名译。

恐萨、恐巴，脊椎骨，又作人名。

楚，肘骨。

拉如，大腿骨。

索如，牙骨。

卡萨，蒙古骨。

卡顶，大鹏鸟。

美聂，眉骨。

秋洼，膝盖骨。

总才，头顶骨。

旁，胸骨。

从语言形式看，对这些骨头的解释不一定完全正确，但是很

幸福的嘎日一家

明显，这些骨系代表着各自的社会地位和特点。如古格骨系，虽以肋骨解释，认为这一骨系高贵，因为他们生就的是“官骨”，有做官的命。这一骨系的人，“原住阿里，1828年藏北遭雪灾，桑雄地区无力支应乌拉差役，噶厦即由阿里派了7户人家迁居阿巴部落帮助支差”。古格骨系即为此7户之一。第一代叫拉麻甲，是7户中的头人，子阿不穹继任阿巴部落的头人，孙南加晋美被封为桑堆地区的总管，曾孙杰美占堆13岁时继任总管之职，玄孙巴乌占堆20岁时承袭第三代总管。1940年后有一任总管由非古格骨系的人充任，到1956年，总管又由古格骨系的洛柱担任。这种现实给古格骨系是“官骨”的说法提供了“依据”。古格骨系的人由于政治上的地位，经济上大多富裕。除总管之家外，其余6户的后裔不是头人就是富户，他们被认为是生就的当官材料，能说会写，会办事情，敢于在众人面前讲话。而对于所谓“骨头低”的人，认为他们在众人面前讲话也会打抖，甚至说“骨头低”的人容易染上狐臭。

骨头高低的标准，要看某一骨系所属骨头的位置，从头顶一直到脚，即作为“总才”（顶骨）就比踝骨、脚掌骨要高，是高贵的骨头。实际上这种高贵骨头的价值和荣耀大多和人才联系在一起，或者这一骨系过去出过能人，或者现在有能人。如“总才”骨系曾有位巧言善辩，颇有能耐，享有威望的人，群众拥戴，本人及这一骨系的地位也跟着“见长”。个人的社会政治地位在骨系的贵贱区分上起着重要的作用。

▲

幸福和谐的藏族家庭

婚姻作用 无论相隔十代、八代，同一骨系的人严禁通婚，不允许发生性关系，偶有闪失，就会招来极为残酷的惩罚。如阿巴部落的做法是：经过群众舆论，由百户向黑河宗上报，然后逮捕犯人。对于这种犯人，轻则抽鞭，在面额上盖“狗”字火印，逐出本部落；重则装进皮口袋，沉于河中淹死。

骨系制度在婚姻上的森严律例也反映在姑表、舅表、姨表等姻亲上，其限制也较苛刻。在阿巴部落中有限九代、七代、五代的说法，即表亲结合需九代、七代、五代之后，如此，亲属的血缘经过反复掉来换去，淡薄了，才可以结合。如七代的具体算法：第一代从心算，心同；第二代肩关节相同；第三代退到肘关节相同；第四代腕关节相同；第五代手掌与手指相连的关节相同；第六代手指第二道关节相同；第七代则退到手指最后关节。七代以后彼此相同消失，便可婚配。

骨系制度在婚姻形式中保留了氏族社会血缘亲属禁止结婚的某些特点，而在三表亲间有如此严格的界限是不多见的。

遗传作用 骨系的存在还表现为遗传因素。比如阿巴部落的“美聂”（眉骨）骨系，据传四代以前是从西康美聂地方搬来的，是较高贵的骨头，骨头部位高，骨系的地位也高。这一骨系的人过去都身材魁梧，寺院里美聂康村的喇嘛也多是身材高大的。“卡顶”（大鹏鸟）骨系的人说，他们的祖先是从大鹏鸟的蛋中出来的，因而这一骨系的人力气特别大。蒙古骨系据说是五世达赖时，固始汗入藏时引进的蒙古人的后裔。

大鹏金翅鸟

骨系的传继方式

骨系的传继方式主要有两种：

随父传继　在对阿巴有部落126个骨系，1 032人的调查中，随父传继的男有223人、女有206人。一般来说男孩随父传继，无可非议。女孩随父传继的理由是，父母所生的子女都是父亲的“骨”，母亲的“肉”，骨头是父亲的，故而无论男女，都应以父亲的骨系计算。索如部落的老人才贡说：妇女开始受孕时只有骨头，而后才由母亲给予血、肉，才成长为人，因此无论男女都属父亲骨系。也有人说，女性的骨头是会变化的，这一代是这个骨系的，下一代又是另一骨系的。父亲的骨头则世世代代都一样，不会变化。

随父传继骨系的规矩是严格的。尽管在部落里赘婿、养子、私生子不受歧视，在财产等方面享受着同样的待遇，唯骨系问题上不能等量齐观。抑或这家人无子嗣后，养子、女婿、私生子都不能顶替这一骨系。其理由是，倘若让这些人顶替了骨系，日久天长，就会乱了骨系，脏了骨头，认为这是后人对祖先的大不敬，是这一骨系人们的最大灾难。是故，同母异父兄弟也只能分属于各自的骨系，而不能归于同一骨系。

男随其父，女随其母　在男随父传继、女随母传继的家庭调查中，男有126人、女有153人。随母传继的女子占调查女子总人数的42.62%。男孩无一例是随母传继的。在阿巴部落的调查中，主张女随母传继的理由仿佛找不出多少，只是概念和观念性地认为，女儿的骨头应按母亲计算。有些女性则两种手段并用，当别人问及自己的骨名时，既说父亲的骨名，也说母亲的骨名。

骨系在部落中到底起什么作用？首先我们应该知道，藏族社会的部落大致可区分为小部落、大部落和部落联盟三种形式。小部落有可能是一个骨系，大部落则可能是以一两个或两三个主要骨系为主的小型部落联盟。可以看出，血缘骨系虽仍存在，更多地演变为地缘组织了，即作为小的骨系部落没有或不参加某一部落联盟就无法生存，在部落间的相互冲突中，骨系部落大多倚重于部落联盟。这种联盟既是松散的又是紧密的，在无战事时，它们各自独立，甚至彼此很少来往，而一旦有战事（如草场纠纷、相互抢掠等），它们又变得十分紧密，因为“部落、氏族及其制度，都是神圣不可侵犯的，都是自然所赋予的最高权力，个人在感情、思想和行动上始终是无条件服从的”。

骨系制度自1949年后，尤其是进入20世纪90年代已逐步淡化，多处于潜文化形式，但个别地区仍然非常盛行。

家庭与婚姻

家庭结构

藏族的家庭基本上是小家庭，夫妇与子女组成的两代人家庭居多，三代人的次之，四世同堂的很少。西藏以及青、甘、滇藏区大体如此。

藏族家庭

藏族地区为什么都是四五口和三四口的小家庭？这与藏区整个的经济环境和文化环境是分不开的。其一，无论务农放牧，大多数处于恶劣的自然环境，生产力水平又很低，人民生活都很艰苦，人口多负担重，难以维持生活，人口少的小家庭，应付困境比较好办。再则骨系的存在，并不像宗族制度那样十分看重四世同堂、五世同堂。其二，有些地区约定俗成，一个家庭去一男性当喇嘛；有些地区则是家有三男两人出家，甚至家有三男三人都入寺院当喇嘛的；尽管尼姑

▲

藏式民居

的数量较少，但女性的出家还是对家庭人口的增长产生了严重影响。其三，在牧区立一顶帐篷——建立一个新家庭，只需部分牛羊、吃饭用具即可，比较简单。再则，长大成人的青年男子应该靠自己的力量闯世界、挣家业、立名声，如果在父母的羽翼底下过活，那是无能的表现。

婚姻形态

一夫一妻　藏族的婚姻形式主要是一夫一妻制，大多数家庭也是一夫一妻的小家庭，主要是男方娶妻组成家庭，甚至妯娌关系也较少。这种婚姻除讲究门第观念，贵族与贵族配亲，而禁止与下层（诸如铁匠、屠夫、猎人）婚配外，禁止同骨系、同血缘的人恋爱结婚。

一般说来，藏族的婚姻中“父母之命，媒妁之言”不那么严重，自由恋爱，脱离双方父母而结合的“自立帐篷”的家庭比较多。这种婚姻藏话叫“卡突”（碰嘴之意）。当然，这种结合多数不是“抗婚”性质，不是有一方或两方父母不喜欢而结合的，其中多数是父母知晓，而是由于家庭人口多，不如分给儿女们些家具、牛羊，让他们独立生活。除了有一方父母不同意而结合的，社会舆论认为不太理想外，后者是社会公认和鼓励的。男子自己找老婆，自己安家立业打“天下”被认为是好男儿的行为。

一夫多妻 藏区一夫多妻的家庭很少，它不同于汉区的纳妾、娶小老婆。藏区的一夫多妻大多是由于某人结婚，后又与其妻妹发生性关系，同居一起，成为事实上的一夫多妻的现象。在藏区调查时发现，在这种一夫多妻的婚姻中，却很少有那种因前妻不生育再娶一房，或前妻年老，喜新厌旧，再娶一个少妇的现象。姐妹共夫的家庭关系一般都比较和谐。

一妻多夫 这一婚姻形式在宣传中有所夸大，被一些文人墨客猎奇加工，一度仿佛成了藏人婚姻的唯一形式。其实这种婚姻在藏族家庭中所占的比例很小，仅在卫藏康区的部分地区存在。主要原因是经济问题，为保留家庭财产不分散，而兄弟共有妻。

藏族的性生活是严肃的。在一些偏远地区，男女婚前交往稍自由，一旦结婚则非常重视节操。人们对找姘头的男人是反感

知识链接 **戴天头** 或称戴头。如姑娘到了15岁，不愿意让她出嫁，便举行戴头仪式。这种仪式具有婚配意义，却无新郎，指天为配，故而称戴天头。当然，有时候戴天头也有僧人或巫士指定的象征物。戴天头仪式的隆重程度几乎与婚礼仪式无二，要定吉日，宰牛羊，备酒宴。届时亲友们将携礼物祝贺。戴天头后的姑娘可以自由地与男人交往，遇到情投意合者可结为夫妻，由娘家分一份财产，另立门户。

赘婿 大多数藏区女儿和儿子的地位是相同的，因此，藏区的赘婿与汉地的“招婿”大有不同，而且比例也高。入赘男子在离家前一天，要举行酒宴，招待亲友；择吉日离家时，入赘新婿要穿新衣，背枪，由几位青年伙伴陪同，一道骑马到女方家中（这里有浓重的氏族外婚的意味）。

抢婚 这一古俗，在新中国成立以前便已十分少见了。但另外一种状况的婚姻，却保留了这种形式。男女双方相爱，经过反复求婚，倘女方父母不同意，则采取这种手段（它与私奔略有不同）。这种活动多在夜间进行，男方与女方有预约，在特定时间，男方找来一二十名年轻小伙子埋伏在离姑娘家不远的地方，然后由一人叫出姑娘，匆匆护送她而去。但绝对不能破门而入去抢劫姑娘，如此就会被认为是对整个部落的亵渎和挑衅，女方部落的人就会以此为由，洗劫男方部落，夺回姑娘。女方临行时要在自己的睡处搭一条哈达，当女方父母见到被上横搭的哈达，则知道女儿已被人“抢”走了。一般在发生这种事的同时，男方就要派人携厚礼去女方家中说明情况，紧急准备婚礼，宴请宾客。

的，认为他们是“空脑袋”，不考虑子女和妻子的痛苦。对女人改嫁和男人丧偶再娶没有非议，但死了妻子或丈夫的人，必须在一年以后结婚，否则人们会议论他（她）没有良心。一般离婚的人很容易找到配偶，而有些地方对男人生病亡故的女人，尤其是头婚亡夫，再婚再亡的女人，不愿意跟她结婚，甚至不愿意在一起谈话、做事，怕染上晦气，祸及自己。对私生子一般都不歧视。

藏族社会特殊的婚姻家庭是受藏族社会的经济基础和社会制度决定的。1949年以后，一些不符合新社会婚姻原则的在慢慢变少或绝迹。尤其是妇女社会地位的提高，也使她们在婚姻生活中得到了和男子一样的公正待遇。

1949年以前的一些偏远藏区还存在着戴天头、赘婿、抢婚等婚姻遗迹。

称谓与姓名

称谓

藏族的称谓，有些地区简单一些，有些地区稍复杂，不甚统一。《山南专区调查报告》中的亲属称谓表较详尽，特录于此。

汉族称谓	藏族称谓（译音）	备注
父亲	阿爸	
母亲	阿妈	也是对一般中年妇女的通称
祖父	波莫、哎米	也是对一般老大爷的通称
祖母	摩莫、哎且、乌西	也是对一般老大娘的通称
曾祖父	（同祖父）	有的地区叫“扬波”
曾祖母		
伯父	阿库（有的加人名）	也是对一般中年男人的通称

续表

汉族称谓	藏族称谓（译音）	备注
伯母	阿加 （有的加人名）	是对一般中年妇女的通称
叔叔	（同伯父）	
婶婶	（同伯母）	
伯祖父	（同祖父）	
伯祖母	（同祖母）	
叔祖父	（同祖父）	
叔祖母	（同祖母）	
曾伯祖父	（同祖父）	有的地区叫“扬波”
曾伯祖母	（同祖母）	
曾叔祖父	（同祖父）	有的地区叫“扬波”
曾叔祖母	（同祖母）	
儿子	布、主古	也是一般男孩的通称
儿媳	（叫名字）	
女儿	布莫	也是一般女孩的通称
女婿	（叫名字）	女婿一词叫“马巴”（མག་པ།）
孙儿	（同儿子）	
孙媳	（同名字）	
孙女	（同女儿）	
孙女婿	（同名字）	
曾孙儿	（同儿子）	
曾孙媳	（同名字）	
曾孙女	（同女儿）	
曾孙女婿	（同名字）	
哥哥	觉觉、阿布	也是对一般中年男子的通称
嫂子	阿加	也是对一般中年妇女的通称

续表

汉族称谓	藏族称谓（译音）	备注
弟弟	布（有的加人名）、主古	
弟媳	（叫名子）	
姐姐	阿加、阿姐	
姐夫	（同哥哥）	
妹妹	布莫（有的加人名）	
妹夫	（同名字）	
侄儿	（同弟弟）	
侄女	（同妹妹）	
侄母	阿乃	尼姑也叫“阿乃”
侄爷	（叫名字）	
姑表姐	阿尼、阿加	
姑表姐夫	（叫名字）	
姑表妹	阿乃、布莫	
姑表妹夫	（叫人名）	
姑表哥	觉觉（有的加人名）	
姑表嫂	（叫名字）	
姑表弟	布（主古）	
姑表弟媳	（叫名字）	
姨母	索姆、久姆	
姨父	（叫名字）	
姨表哥	觉觉（有的加人名）	
姨表嫂	阿加（有的加人名）	
姨表弟	同弟弟	
姨表弟媳	（叫人名）	

续表

汉族称谓	藏族称谓（译音）	备注
姨表姐	阿加 （有的加人名）	
姨表姐夫	（叫名字）	
姨表妹	同妹妹	
姨表妹夫	（叫名字）	
舅舅	阿香、祥果	
舅表兄弟姐妹	（同姑、姨表兄弟姐妹）	
丈夫	雀卡、觉觉 （叫名字）	一般男人也叫“雀卡”
妻子	阿假	
岳母	阿妈	
岳父	阿爸	
岳祖父	波莫、哎米	
岳祖母	（同祖母）	
妻兄	（同哥哥）	
妻嫂	（叫名字）	
妻弟	（叫名字）	
妻弟媳	（叫名字）	
妻姐	（叫名字）	
妻姐夫	（叫名字）	
妻妹	（叫名字）	
妻妹夫	（叫名字）	
夫妻	啥（嘎） 仓、道乌	相当于“爱人”，夫妻可互称

除语言的发音略有区别外，卫、康、安多地区大多数称谓相同，但不同处也是很明显的，比如祖父，安多许多地方叫阿米；舅母不能直呼其名，而称阿乃；祖母称阿依，个别地方却称妻子为阿依。

一般称呼是根据年龄大小，在名字前加“阿加”“布”“布莫”“波”“摩”“觉觉”等，如“阿加卓玛”“布才让”“布莫玉珍”“波尼玛”等。西藏和平解放前，西藏地方贵族和官员及家属的称谓要多一些，如加官职“札萨”“台基”“孜仲”或称“公我”（老爷）、“江古肖”（太太）、“审莫古肖”（小姐）等。文字中存在的一些专门称呼如“尖布”（哥哥）、“江布”（弟弟）、“尖莫”（姐姐）、“江莫”（妹妹）、“洋且”（曾祖母）、“洋买”（曾祖）、“洋买布”（曾祖父），在实际生活中基本不用。

姓名

藏族早期据说有木、董、党、札四大姓。到吐蕃王朝时期姓氏更多，仅反映在《敦煌本吐蕃历史文书》等史籍中的姓就有努、吞弥、噶尔、韦、管、琛、恩兰、末、没庐、那囊、穹波、玛、杰等一百多个。

《敦煌本吐蕃历史文书》书影

姓氏特点 藏族依地名、部落名、房名、庄园名起姓的较多。依地名为姓的吐蕃时期多为受封的采邑，此后代代相袭成为姓。后期的一些以地名相称的姓具有他称性质，如“宗喀巴·洛桑札巴”，意为宗喀地方的人洛桑札巴；囊色林谿卡的主人为贵族囊色林·班觉晋美；达热仓（部落的达热·札西）等等。实质上这种恍若他称的姓氏在自称中毫不含糊，因而具有姓的性质，倘若他称与自称不能统一，那就很难确定它就是姓了。这是藏族姓氏的一个特点。

由于长期与汉族接触，藏族有不少用汉姓的（尤其是藏汉杂居区），可以说五花八门，有的是朝廷的赐姓，如青海唃厮啰后裔宋时赐姓为赵；甘肃噶·意希达吉之后旺秀在永乐二年（1404）受封世袭千户指挥，赐姓杨，即为后期的杨土司，其部众也随其多承姓为杨。有些是部落名的意译，如色涅仓部落，首字意为金，因而部落里的人以“金”为姓；有些是音译；有些甚至在上汉文学校时由教员随意取姓。凡此种种，不一而足。

寺院里的活佛多在自己的名字前加上寺院名和佛名。如达赖喇嘛、班禅活佛，无论他们转世多少代，都称达赖、班禅——原来的封号仿佛有了姓的性质，实际上他们有自己的姓。借以避讳，又如色仓活佛、贡唐活佛等，同样代代用佛号称呼，一般人多不直呼其名。寺院里也有将官职放在名前使用的，如其人任堪布，书信及写作时则用“堪布××××”。

命名 藏族的名字一般都是四个字，如东赞宇松、贡噶坚赞、才让卓玛等，也有用两个字或三个字的，如才让、尼玛太。有些两个字或三个字的名字有可能是简称，如格桑达吉，可简称为格达，大多是用四个字中的一、三两个字简化，也有用前两个字（格桑）或后两个字（达吉）的；有些地方四个字快念，无形中省略了第二个字，称格达吉。

藏族的名字大约有以下特点：1. 带有宗教色彩的名字多，如卓玛（仙女）、桑吉（佛），这与佛教在藏区的广泛传播有直接关系，生活的佛教化导致了人们名字的“法名”化。早期的带有宗教色彩的名字大多是僧人出家后所起的法名，以后，法名慢慢走出了寺院，成为普通百姓的名字。2. 重名的多。一为“法名”有限，起多了不免重复，如丹巴（佛教、圣教），一个村庄会有好

知识链接 从敦煌文献和《贤者喜宴》等史籍中看到，吐蕃早期有母子联名的现象。如，聂赤赞普之后为南·牟牟，子取母名第一字为牟赤赞普。

	聂赤赞普	夫	一代
母	南·牟牟	妻	
子	牟赤赞普	夫	二代
母	萨·当当	妻	
子	当赤赞普	夫	三代
母	索·滩滩	妻	
子	索赤赞普	夫	四代
母	道买买	妻	
子	买赤赞普	夫	五代
母	德拉噶姆	妻	
子	德赤赞普	夫	六代
母	塞吉拉姆	妻	
子	塞赤赞普		七代

几个，无法区分，只得用大、小丹巴来区别。二是起吉祥名字的多，如扎西（吉祥）、尼玛（太阳）、达娃（月亮）、才让（长寿）、多吉（金刚）等。三是用一些特定的日子取名。这种情况卫藏地区多，如孩子出生在星期几就用星期几命名，因此用周一、二、三、四、五、六、日起的名字达娃、米玛、拉巴、普布、巴桑、边巴、尼玛等很多。

《贤者喜宴——吐蕃史译注》书影

过去，藏地生产力低下，医疗卫生条件差，婴儿成活率不高，因此孩子降生后，许多家庭都希望能由寺院的僧人、活佛为其取名字，这样会给孩子带来平安和吉祥（这可能是“法名”多的一个原因）。一些地区对婴儿去世的日子要准确记住，倘若再生一胎就要在前一婴儿夭亡的日子给孩子换名字。怕孩子不存活而取的名字有两类：一是取法名，起震慑作用，如贡布（护法神）。二是取十分低贱的名字，如其加“狗屎”等，认为孩子夭折多是鬼魅作祟，取这样的名字，连鬼魅也感到恶心，就不来害他了。

第五章
多彩多姿的民族风情

“三国四翼六岗”概括了藏民族的居住区域。藏族的生活环境是整个藏民族文化生长、依托的根。藏民族的饮食、服饰、婚丧等古老习俗无不与雪山皑皑、江水滔滔的生活环境紧密相连；而佛教的传入，为藏民族丰富的民族节日增添了神秘的宗教色彩。

▲

藏族食品（手抓肉、卡赛、奶渣、干果、酥油茶、青稞酒、糖果、水果）

饮食——藏族“四宝”

藏族“四宝”

藏族日常饮食以吃面食为多，米次之。面主要有小麦、大麦、荞麦等，米主要是大米，像包子、饺子、面条、面片、蒸馒头、烙饼等制作方法与汉族大同小异，有些具有民族特点。而最具特色的莫过于被称为藏族饮食“四宝”的糌粑、手抓肉、茶叶、酥油，很多藏汉典籍中都记述了藏族饮食文化的发展过程。

糌粑 糌粑是藏族群众食用的最普遍的食品，一些汉族群众称之为酥油炒面。其实酥油炒面和糌粑仍有区别，糌粑食用可以有酥油，也可以没酥油；糌粑既指磨成的炒面粉，也指用酥油等物捏成的炒面团。

做糌粑的原料主要是青稞，也可以用麦子、大麦，有的地区掺以豌豆汤，甚至用豌豆面做糌粑。糌粑的制作方法是先将青稞（麦子、大麦等）晒干，仔细簸净，然后在锅里炒熟。

糌粑的食用方法比较简单，拌吃是比较常见的一种，先在茶水里放上酥油，而后放上糌粑粉、曲拉（奶渣），用指头搅、

吐玛

搓、压、捏，不停转动，最后成油漉漉的糌粑团，香甜可口。

有些地方有舔食的习惯，即将少量糌粑、曲拉放在碗底，摁实，上面倒上茶，喝完一次茶，舔食一次，将茶水浸湿的部分吃尽，再倒茶再喝，喝完后再舔，直至将糌粑吃尽。

还有一种叫“吐玛”的喝法。此方法是在糌粑粉中放点酥油，喝完后即拌食，量较少。若想再吃还可以继续多拌一些。在一些地方“吐玛”已成为一种礼节性的喝法，无论谁去串门，热情好客的主人总要倒一碗“吐玛”给你，你想吃可拌着吃了；不想吃，拌了以后拿在手里（不能放在桌上），出门后扔给狗吃。

拌糌粑需要“技术”，不掌握要领的人真不知如何下手，往往汗流浃背弄得满手油，撒一地糌粑；掌握要领的人会不慌不忙先将酥油捏入糌粑粉中，且拌且吃，直到碗可容得下手再搅拌成团，捏在手里，一边喝茶，一边撮糌粑吃。

糌粑虽然是藏人的主食，但到人家做客不能多食，在笔者的故乡就有“一碗是亲戚，两碗是饿了，三碗是牛”的说法，吃多了就会惹人笑话。

手抓肉　手抓（手抓肉）在藏乡，尤其是牧区，可称得上“便饭”。肉是藏民的主要食物。

以牛羊肉为主的手抓肉，方法极简便，将肉放在锅里刚刚煮熟，即可食用，有时加点盐和其他调料，一般情况下什么也不加。藏族人吃肉大多用刀，若用嘴啃就会笑你吃肉像狗。用刀割肉有一定的讲究，用大拇指夹肉向里割，然后把割下来的肉一片一片放到嘴里，且吃且割，不能向外割，向外割意味着对主人不尊重。请客人吃肉，若客人带刀，则用自己的刀；客人无刀，用主人家的刀时，主人要将

手抓肉

知识链接 **饮食禁忌** 藏人主要食牛羊肉，不食驴、骡、马等肉。习惯上藏族将所食的动物和不食的动物用单蹄、偶蹄、爪（多蹄）来区分，即使你从来没见过某一动物，一见其形状和蹄，便可知道能不能食用。依传统，可食用偶蹄动物，其他的单蹄、爪类动物不能食用。此外，藏人也不食死肉，如病死的牛羊一般都深埋处理，不做食用。对坐骑和长期取奶的乳牛，老后不得宰杀，任其自然死亡，死后挖坑埋掉；若食用它们的肉，被认为是不道德、没良心，会遭报应。也禁食獭拉肉，相传佛在创造人类时，肋下少了一块肉，就借獭拉肉补充，塑造了完整的人体。挖獭拉洞，吃獭拉肉被认为是忘恩负义。

聚餐

刀把送到客人手里，而不能将刀刃一面冲着客人。牧区的小孩五六岁时，都可以自如地用刀割肉吃，不至于割破手或划烂嘴唇。谚曰："杀生害命，骨头啃尽。"将带肉的骨头放下，主人会认为你没教养。因此，在藏区，未来的女婿首次上丈人家，岳父母有一种善意的玩笑是让其"啃羊脖子"。羊脖子骨头硬、骨节多，十分难啃，自然，啃食不尽的女婿会被讥为"草包"，甚至会影响婚姻关系。藏族在吃完手抓肉后，一般都喜欢喝一碗肉汤化原食。若需要吃东西，或在肉汤里泡饼子，或拌点糌粑吃，这便算吃一顿饭了。

茶 藏人与茶结下了不解之缘，茶文化在藏人的日常生活中占有一定地位。

藏区不产茶，而茶的需要量远远超过了产茶地区。在对茶的研究与实践中积累了不少经验，如哪种茶可强身，哪种茶可治病等。一些观念也渗入茶文化中。茶水刚倒入茶碗中时，若茶汁中出现毛驴、骆驼、猴子的影像，然后出现人尸、骷髅的形象，这些影像在茶碗中出现就是凶兆，无论何人遇到都不会吉利。若茶碗中出现八吉祥物或长寿仙人的影像，或是国王七宝的影像，无论何人遇到都会大吉大利。茶水的饮用已与宗教占卜结合在一起了。

银茶碗

藏族饮茶，种类较多，主要的有三种：清茶、酥油茶、甜茶。

清茶的熬法很简单，打一壶水（或者一锅水），随之放入茶叶，若是茯茶，掰碎投入适量即可；若是硬砖茶，先用茶窝将其击碎，然后投入水中。不在水开后下茶叶，那样熬茶，茶的颜色下不来。有的地区清茶中放盐，有些地区则不放。

知识链接 **以茶待客礼** 藏族以茶待客可以说是第一内容，待客人进屋后的第一件事往往是主妇先煮茶，倒上一碗热气腾腾的奶茶，且一定要倒满，倒半碗认为是对客人的不礼貌。客人喝茶时不能让碗空着或半碗茶放得太久；主妇一面和客人谈话一面注视着客人碗里的茶水，少了马上添满。客人告别时，要把碗里的茶全部喝完，表示对主人的谢意，碗里留茶意味着对主人的不礼貌。倘若同时有两位以上的客人，主人多以辈分长幼为序添茶。

清茶还有一定的治疗作用，草原上，老人尤其小孩伤食后就让其喝清茶；胃不好、感冒时，就在清茶里放入花椒、姜片、红枣熬了喝。一些富裕的人家，还有一种保健的喝法，在清茶里放入核桃仁、桂圆、大枣等熬了喝。藏族家庭一般禁止小孩喝酽茶，酽茶伤胃、伤脑子，小孩喝了会肚子痛、头痛。

木酥油桶

卫藏地区大多数人爱

喝酥油茶。贵客进门总是要请他喝酥油茶。酥油茶的重点并不在油而在茶，制作方法并不复杂，和煮清茶一样。先将茶水煮好，而后倒入茶桶里，放一块酥油。茶桶中放一根下端安有圆孔木板的木棍，不停地上下抽动、捣提，酥油便完全溶入茶水里，茶的颜色鲜艳，味道极佳，甚于奶茶。如喜欢咸味的，可在打茶时加盐。

甜茶馆

打酥油茶的器具主要是茶桶，大的周有两围，高一米四五的；小的只有尺许，茶碗那么大，有用粗竹子做的，也有用木头旋的。有的用皮子包扎起来，怕干裂；有的用银、铅、铁、铜等装饰，箍圈有花纹；有的已经失去了实用价值，镶以银、宝石，像艺术品般挂在墙上。在一些难以用茶桶的地方，藏人则用皮口袋打酥油茶，也别有一番风味。

此外，拉萨人现在爱喝甜茶，拉萨街头出现专门的“甜茶馆”，甜茶的制作跟奶茶差不多，只是在煮好的红茶里加奶加糖而已。

其他饮食

“者赛” “者赛”是一种用大米做的食品，整个藏区都有。

水油饼 先将面和好，擀成圆形小薄饼，在开水中煮熟，捞起放碗里，加酥油、白糖、奶渣等，趁热食之，香甜可口。这种

藏式烙饼

吃法待客时可作为加餐，如吃糕点，同样可以作正餐，吃饱为止。做水油饼的面粉可以是白面、大麦面，也可以是青稞面。

烧饼　汉族所谓烧饼多为烙饼，藏区的烧饼确实是烧成的。在制作烧饼时，先要将晒干的牛粪、羊粪燃起烧旺，扒开灰，再用牛奶和成的面中揉入酥油，摊在火灰上，再盖上一层火灰，不时翻看，烧成后放在一处慢慢食用，酥脆爽口。牧区的藏民还有一种做大烧饼的风俗：一是祭拉则敬神，二是敬活佛。一般的用20多斤面粉，中等的用五六十斤，大的则用面粉百余斤。

“肷”　有一种叫“肷”的食品，也颇具特色。它是将奶渣、蕨麻磨碎，加上酥油、白糖，做成圆形或方形蒸制，有大有小，花样颇多。一般作为待客的糕点，也可以做拜访亲友的礼品。

酸奶　在藏人家里，除青稞酒、茶外，酸奶是常见饮料。酸奶的制作方法是：把鲜牛奶煮熟，倒在洗刷干净的桶或盆里，等牛奶温而不凉时，把酸奶酵搅入其中，盖严包好，放在温度适宜的地方。几小时后，桶里的奶就像豆腐一般结块，酸奶的芳香随之在屋里飘溢，此时便可食用了。

草原上的人喜欢在饭后吃酸奶，尤其是中午，艳阳当空，热气袭人，掀起帐房角，让和风徐徐吹来，再喝上一大碗清心爽身的酸奶入睡，那的确是一大享受。

千姿百态的民族服饰

肥腰、长袖、大襟是藏族服装的基本结构，其服饰设计适应了高原寒冷和早晚温差大的气候特征。

工布服饰

其一，御寒功能。肥腰、大襟的服装有两个突出功能：一是牧民夜宿

服饰

或长途旅行，一般都不带被子，而用自身所穿的衣服，白日当作衣服是行装，到了夜晚就是所要盖的被子，倘若短小窄狭，就很难有这样的作用；二是防寒保暖，高原寒冷，御寒就成为衣服实用性最重要的特点。身衣宽大的藏袍，戴上狐皮皮帽，脚踏皮靴或如靴的“连巴”，无论骑马奔驰还是步行劳作，就可御寒保暖了。长袖的功能也是御寒，袖短露手，就经不起寒冷的侵袭，因而皮袍衣袖常长出手尖五寸至一尺。

其二，劳动和实用功能。袍襟宽大的主要作用同样表现为两个方面：一是便于骑马；二是便于工作。倘若袍襟太小，蹲、坐、跳、跨就会不方便。长袖宽襟的另一好处是用腰带系缚后，背部和前怀形成一兜囊，可装不少行程所用什物。脱袖方便，藏人脱右袖，脱袖大约又有两个作用：一是劳作方便，如用右手打“吾朵”（抛石绳）、宰羊等。二是调节气温。青藏高原虽有春夏秋冬四季，而生活在这里的人们却一年四季都得备有冬装。如此藏袍便是最实用、最经济的服装了。

阿里服饰

服饰类型

在几乎占全国四分之一面积的广阔雪域大地上，藏族的服饰类型也不尽相同，可谓千姿百态。根据藏族居住的地区划分，主要有卫藏、康巴、安多三种类型。

后藏服饰

卫藏服饰　卫藏大体包括除昌都地区以外的西藏自治区全境。实际上这一地区的服饰仍有更小的区域性特点，如拉萨与工布、日喀则、阿里的服饰就有区别。自

▲

康巴汉子

唐以来，汉区丝绸织品随着汉藏贸易进入藏区，一般平民难以穿得起这些衣料，尤其是在旧社会，统治阶级与被统治阶级，富人与穷人就有明显区别，比如头饰等就与品位相关，“穆弟巴珠”（珍珠巴珠）只有前后藏世袭贵族的夫人才能戴，银饰宝珠的“嘎吾”（佛盒）等就是允许佩戴，一般平民也无力购买。

统而观之，除了寺院的活佛、堪布的服饰有品位要求外，男性即使身份很高，衣饰花样并无大改。而女性差别较重，如贵夫人、小姐要穿起花缎制成的求巴晋美（无袖袍）和求巴普玉（有袖袍），一般妇女均穿黑白氆氇制成的简易服装。就是同一地区，城镇和乡村，农区和牧区，其服饰也有差别。

农区多喜白衬衣，外套白、黑氆氇和花呢毛呢等藏袍。牧区则多穿镶边的皮袍，女性以纯红、蓝、绿为边，让人会自然地联想到寺院的壁画技法和唐卡（卷轴画）上的色彩。

一般来说，大多数藏装要比人体高，穿法五花八门，有的用腰带系缚后使下襟稍离脚面（尤其是女性），有的则将下襟抽到膝盖下面。拉萨男装素以典雅大方闻名，女装则显雍容华贵，隽永清丽。

康巴服饰 康巴类型的服装包括今四川甘孜、云南迪庆、西藏昌都等地区。男性多内穿右襟齐脐短袄，外罩圆领宽袖长袍，其下摆位置颇多讲究，常人与膝平齐，武士、猎手等高于膝，学者、官员、豪富等则放到膝盖稍下。如此，配上狐皮帽和长筒靴，气势雄壮，勇武潇洒。

女性穿长袖衫，外罩坎肩，袍子下摆垂至脚面，上系彩条围裙。迪庆中甸女性服装多是深蓝色长袍，衩口镶黑色丝绒边，上着绣花硬领银纽扣，边饰艳丽，穿右襟坎肩，下着裤，系白色腰带，披方形披肩，或缎面白羊皮，或彩纹氆氇。

安多服饰 安多类型的服饰除了青海、甘肃等地的藏族外，西藏自治区主要集中在那曲地区等与安多接壤的地方。这种服装男性衣领多饰金钱豹皮，这一风俗可能与吐蕃王朝时期的军旅生活有关。现在这种边饰已有所变化，多以水獭皮为高贵。一件藏袍动辄便是上千元、数千元，甚至上万元。妇女服饰尤其讲究很多，衣服或羔皮、老羊皮，或氆氇、棉布、呢料，边饰多为水獭皮、锦缎，多用彩绸带，腰带挂有尺许的银制奶钩、日月形图案镶有宝石的银制“罗色尔”，悬于腰下左侧，手多戴戒指，腕着镯，项饰珊瑚、玛瑙等宝石，耳悬金玉翡翠，可谓华贵而大方。

像牧区常用蓝、绿、紫、青、橙、黄、红的花边“坚”一样，藏族服饰的色彩对比鲜明，热烈活泼。佛教传入藏土后，藏族服饰特别是色彩受到印度文化的影响。藏族早期崇白、黑，现多崇尚黄，佛服用黄色。

头饰

藏族男女都蓄辫，喜欢佩戴头饰，其头饰规范、严谨、风趣，又因地区、年龄、婚姻的不同而有所区别。

男子头饰 藏民男子普遍留有长辫子，他们将头顶上的头发留着长辫，而将头顶以下的发剃去。男子的辫子不用红头绳，而是用黑头绳，同头发融为一色。男子的辫子分为四小束或五小束整辫而成，所以男子的发辫成扁平的编织形。

镶珊瑚珠的银发箍

女子头饰 藏族姑娘同汉族姑娘一样编一根独辫子，辫子根部用红头绳扎成约四寸长的“呷纠”（发忱）。藏族姑娘辫子成三角形盘于头顶，更显美观、大方、素雅。

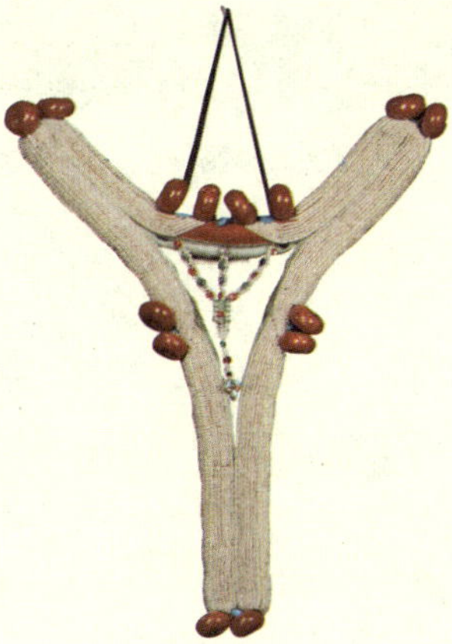

“巴珠”头饰

姑娘是独辫子，已婚妇女则是双辫子，无“呷纠”，红头绳长于发辫，然后将两根辫子由脑后左右交成圆形盘于头顶，显得端庄、大方、成熟。

牧民妇女头饰无婚否标记，不管老少都编成若干细辫子，像维吾尔族姑娘的辫子一样。然后将若干细辫子分为两部分，配以头绳，将珊瑚、蜜蜡、松耳石、九眼珠等昂贵珠宝尽其佩戴在发辫上，从后背拖齐裙边。若盘在头顶，胜似一顶珠光宝气的桂冠，非常气派。

镶珊瑚珠的银辫饰

藏区老姑娘头饰既不同于已婚妇女，亦区别于青春年少的姑娘。老姑娘亦是独辫子，配以淡红色头绳，盘于头顶，只是没有“呷纠”。

繁复的婚俗礼仪

藏族的婚俗礼仪颇多，卫藏、安多、康区各有差异。

定亲 无论何种礼教森严的社会，都阻挡不了爱情之水长流。共同的生活使青年们相识、相知、相爱。相恋或私订终身之后，男女双方一般要到“拉则”和寺院誓盟，交换信物。信物有靴带、腰带、手镯、佩刀等。发誓后，要终生遵守，如违誓毁约，藏族认为是如同猪狗自疴自食的人干的。

求婚　无论是自由恋爱，还是遵从媒妁之言，一般来讲，男方都要到女方家中求婚。求婚的过程大多是由媒人和求婚的男青年本人完成的。在女方基本应允的前提下，要请人合属相，像安多有些地区要提单瓶酒或两瓶酒，提单瓶酒时初步议定婚事，假如女方同意，就会打开男方带去的酒瓶喝酒，假如女方不同意，就不打开酒瓶；提两瓶酒主要涉及的是彩礼问题，女方要组织主要的亲戚参加，彩礼讲得合适则将男方带去的酒打开，彩礼讲得不合适则不打开。彩礼议定后，接着议定送彩礼的时间、举行婚礼的时间、送亲客人的多少。

婚礼　出嫁头一天，女方家要摆上马席宴请客人，唱酒曲、跳舞，尽情娱乐。日头偏西后，新娘要梳头，唱《梳头歌》。青海省乐都觉仓地区的藏族要在约定的时间派婚使带着箭去迎请新娘，女方的亲友中年轻的媳妇、姑娘们端来水洒在婚使身上。

送亲　送亲的队伍视具体情况而定，一般是8位。牵马的多是新娘的哥哥或弟弟。新郎或新娘家的亲戚在送亲队伍经过的路上等候敬酒。敬酒要说颂词，唱《酒歌》。西藏地区的马队启程时，要有属相好的骑白马、着白袍、手中举八卦九宫图的人带领。

送亲的队伍到了新郎家门口，主东家的唱酒曲的高手们已举着酒碗拥挤在门口，引吭高歌，如同合唱团一般。此时，送亲的

新娘的舅舅手捧哈达用歌声开始了对女方家的赞美

人展其威风，厉声吆喝，勒着马头将新娘围在队伍中间。队伍不远煨着一堆火，旁立两位接亲的妇女。此时，她们捧着哈达到送亲队伍中间去，要从左面接到新娘的马缰绳（一般由新娘的哥或弟把握），将哈达搭在新娘的马鞍头，新娘才会下马，若违犯规矩，送亲的人就会大发雷霆。此时新娘舅舅还要要“香达”（舅舅的马），不下马——早期或许果真给舅舅一匹马，现今多以钱进行表示，成了一种纯粹的仪式。

迎亲　新娘下马后，要跨过煨着的火堆，由送亲婶子扶着，由送亲的人们拥着高声唱着往新郎家门里走。迎接送亲队伍的人们尽情地向他们敬酒。到门口，新娘的婆婆要拿一顶藏帽，换下新娘戴的狐帽。卫藏地方有专为新娘下马准备的垫子，垫子上放有五彩缎、麦子、青稞和用麦粒摆成的“雍仲”符号，男方家要捧青稞酒和“切玛”迎接。

▲
良辰未到，送亲的人们要坐在婆家收成最好的坡地里静静守候。在四川省甘孜藏族自治州，此举有地肥人旺的双关含义

送亲的客人进大门，到婚宴的特定位置坐下（客右主左），即唱酒曲不停。继而客人之首位端碗牛奶，主人的首位端碗酒，用碗中放好的柏枝、松枝泼洒三次，而后互致问候、喝茶、吃油馃，婚宴也就此开始。婚宴中的精彩部分是对酒歌，可谓丰富多彩，琳琅满目，有时候唱上三天三夜也唱不完。即此开始有以下几个重要仪式：

摆衣服　将男方的彩礼、首饰、女方的陪嫁等当众展示一番。新郎、新娘站在用青稞摆成的“雍仲”符号上，有善辞令者，即兴行《衣饰赞》的颂词。

大酒　酒歌唱至半夜时分，有数人抬一酒坛而入，故作沉重之状，有人即此念诵祝酒颂词。

“仲”　即打份子。这一仪式在翌日早饭后进行，肢解一全羊，将每一块骨头送给应得的人，并颂赞词。

“索萨”（肩胛骨）　由送亲宾客向主人交新娘，赞扬新郎，新娘给每一位客人敬茶。有一人致颂词，颂扬肩胛骨的历史、作用等。此仪式有可能是在早期占卜的基础上发展而来。

“尕什杂”（祝福词）　中午时分举行。新郎、新娘坐在一白毡上，拿着盛有青稞的碟子、柏香和一碗酒。先由同辈人给新郎头、颈上洒水，而后将碟子献与一长者，长者即诵“尕什杂”，多为吉祥祝词。

当整个婚仪结束时，要唱吉祥圆满的酒歌《扎西》。送亲的客人即准备返回，主人家频频敬酒，送亲的客人上马，放马跑去，又勒马返回，如此三遭，即驱马离去。

新娘进入婆家的路线是活佛确定的，遇墙翻越，遇水过河，不能更改

原始而古老的葬俗

16世纪至17世纪，藏族的丧俗仪礼逐步固定。主要有塔葬、火葬、天葬、水葬和土葬等形式。多种葬俗的产生，既有丧葬本身的层次性原因，也有地域原因和各个地区的历史文化原因。

五世达赖喇嘛灵塔

塔葬为上 这是大活佛尸体的处理方法，非一般人所能获得。将尸体用盐水擦抹、风干后，涂以各种贵重香料放入灵塔内（有些是火化后骨灰装在里面），供人瞻仰。塔的种类也很多，如金（包以金箔）、银、铜、木、泥灵塔，像达赖、班禅的灵塔，金碧辉煌，蔚为壮观。如五世达赖喇嘛的灵塔，被称为“南赡部洲唯一庄严灵塔”“世界一饰”，灵塔高14.85米，分塔座、塔体、塔顶三部分，塔身用金皮包裹，耗黄金11万两，上嵌各种宝贝，璀璨夺目，富丽堂皇。

火葬次之 卫藏地区以火葬为贵，活佛和一些贵族采取这种葬法，其骨灰或撒于山顶，或抛于江流。云南省迪庆藏族自治州藏区、安多、康区也基本上相似。而在一些有林藏区多是火葬，比较而言失去了卫藏地区那种高贵的含义。如四土地方的规矩是，人死断气后，蒙以“和衫”或白布，置于经堂一角，男的放上角，女的放下角，看经济情况，念经二三天至一星期。每寨都有一火葬场，烧时背或抬至火葬场（或个人柴山），一路喇嘛吹号筒，送丧的一人带头吼送到山上。然后将尸体趺坐，浇油，架柴烧尸。火场周围摆着许多灯，喇嘛围坐念经。骨灰和泥打“擦擦”制成小塔，送喇嘛寺或拉萨三大寺寄放，或置洞内。许多人将骨灰装在坛子里掩埋，上盖石板（也有任骨灰被风吹散的），经济好的，在埋处点三五斤的酥油灯。火场处在灰上用石砌成玛尼堆，插许多玛尼旗。火葬回来，男人在前面吼，女人在后面吼，直吼到家。然后请送葬的人吃点心，或各喝一碗胡豆面汤。来苏沟人认为火葬后有一种郁气，第二天会落雨。但是有些地方的火葬，也针对那些不正常死亡者的尸体，以为火烧后他们的灵魂有可能不危害他人和地方。

古稀老人凿刻玛尼石

天葬再次之　天葬所葬几乎各类人都有，无多争议。但此葬式不葬超级的活佛，也不葬那些非正常死亡者。

大葬，现在被定论为佛教传入后才有的，但可能是藏民族最为原始的一种葬俗制度。现在的天葬被许多外民族的朋友视为离奇、残忍，而在本民族中有一种比较崇高的解释。天葬的根本含义是利他，利于芸芸众生。显然这是依据佛教灵魂永不谢灭的观念，肉体只是灵魂的寄宿地。因而，当一个生命在他活着的时候，将自己的劳动、才华、智慧（自己所具备的一切）献给了社会，生命终止时，即灵魂脱离此一肉体时，他将是非常满意的，而脱离灵魂的肉体是他的最后一份奉献，让秃鹫等食肉动物将尸体餐食干净，这些动物就不会去伤害别的幼小的生命，实质上也就保护、拯救了这些生命。尽管这是间接的善事，但作为人类的一种精神境界并没有什么不妥之处。每当笔者在向其他民族的一些朋友宣讲这一天葬原理时，有人竟感奋起来，甚至号啕大哭，声言天葬是最高尚的葬俗之一。

从历史文化的角度看，天葬是人类野蛮时代的葬俗，史籍中所说的风葬、野葬——人死之后，弃尸于野，就是藏族至今还奉行的天葬的最初形式，只是现在的天葬除特定的文化内涵外，有固定的地点，一般是离村子或寨子稍远一点的山顶上，野蛮时期的天葬没有固定的天葬场，而随便弃尸于荒山野岭，让飞禽走兽吃掉了事。

水葬和土葬多有异议 水葬时，将死者背到河边，肢解（有些地方不肢解）后，投到河流中。这种葬俗在藏南及一些多江河地区为多。据《西藏风土志》等书介绍，卫藏地区的水葬“大部分是乞丐及鳏、寡、孤独等经济地位十分低下者”。土葬更糟，“一般用于得了麻风、炭疽、天花等传染病人尸体，以及强盗、杀人放火犯、被刀砍致死的人的尸体，法律上不许他们天葬或水葬，只允许挖坑埋进土里，意思是惩其灭根绝种，死者的亲属感到很不光彩和遗憾”。而在甘、青、川、滇藏区尚有相当一部分藏人奉行土葬制度，其文化内涵与上述所说截然不同。

早期的藏人曾实行野葬，后实行土葬（石棺葬等）。丧葬制度的建立，是人类文明发展的必然结果。从整体看，藏族葬仪受到信仰、自然条件和生产力发展水平的影响，也经历了历史的巨大变化。

节日与法会

藏民族的节日时间大多是以藏历计算的。大概可分为三类：各地区共同的节日；部分地区的节日；寺院的法会。之所以将寺院法会归为藏族节日的一个组成部分，是因为寺院的法会不仅对僧人来说具备节日的性质，对百姓来说同样具有节日性质，实质上许多法会已经是僧俗共庆、僧俗同乐的节日。

藏历节日

民间节日很多，在此只能择其重要者介绍。最为隆重的要数年节，年节中最为隆重的是藏历年，其次是本来跟年节扯不上边的赛马会，许多地方将赛马会称为过小年，同样热闹非凡，故列入年节之中。

藏历年 藏历年不纯粹是一个节日，而是多个相连的节日，这些节日若独立而论，可归入宗教法会或别的类型之中，为叙述方便，我们将几个正月的节日统统归入藏历年中叙述。

◀ 藏历年供奉“朵玛”

正月初一为藏历新年，藏语称“洛赛尔”（新年）或“嘉吾洛赛尔”（国王新年），是藏族人民普遍庆贺的最为重要的节日。

天亮后，穿着节日盛装的青年男女手捧“切玛”和青稞酒，先给长者献“切玛”，敬青稞酒拜年。长者先从“切玛”中取些许糌粑，向上弹三弹，放一点在嘴里，再用无名指蘸着酒向上弹三弹，或三口或三杯或一口一杯喝了敬酒，并祝以“扎西德勒”（吉祥如意）等语；平辈人只互相致祝节日吉祥，互相敬酒。拜过年后，成群结队的人们到街上去唱歌、跳舞、游戏；靠近寺院的，还要不失时机去拜佛，求得在新的一年里平安、吉祥、幸福。在西藏地区，初一是家人欢聚的日子，不出门。

▲ 晚辈给长辈敬酒

知识链接 **“切玛”**也称“卓索切玛”，斗形，内盛拌好的酥油等做的称为“吉卓”的彩花板，现在多以彩绘的木板代替，还插有青稞穗、鸡冠花等饰品；有的还用酥油塑造的“娄高”（绵羊头），现在多用瓷品代替。整个“切玛”象征吉祥和五谷丰登、牛羊兴旺。意同五谷斗。

▲ 用糌粑、红糖、青稞、人参果、糖果、酥油花装饰的切玛

拉萨的“默朗钦茂”是藏历年中的一个隆重节日。“默朗钦茂”，意为祈愿大法会，也称传大召。

“默朗钦茂”的诞生是在1409年。1407年，藏传佛教大师、格鲁派的创始人宗喀巴为了联络敦促藏传佛教诸教派同心戮力，振兴佛法，严守戒律，与阐化王札巴坚赞协商于元月举行祈愿大法会。继而筹集资金，将大昭寺修饰一新，为大昭寺觉卧佛像制作了五佛金冠。1408年底，佛教诸教派僧人万余、信教群众数万

藏历新年祈福

先以左手无名指蘸青稞酒向空中弹洒三次，表示敬奉神灵，然后三口一杯喝下去

云集于拉萨。

法会于1409年正月初一至十五日举行，宗喀巴带领僧俗信徒诵祈祷经、发愿文及其他佛教活动。正月十五日为释迦牟尼示现神变降伏妖魔日，这一天，宗喀巴为纪念佛祖举行了“举阿曲巴”，即所谓的“元宵会”“花灯会”“酥油灯会”“灯会”，在大昭寺周围的八廓街上，摆满了用酥油添彩塑造的各色人物、花卉鸟兽塑像，惟妙惟肖，玲珑剔透，四处灯火，彻夜通明。这次法会为格鲁派的发展拓宽了道路，也标志着格鲁派的正式形成。

宗喀巴辞世，格鲁派得到了空前的发展，寺院林立，僧人众多，但也出现过甘丹、哲蚌、色拉三大寺主持的传召法会由噶玛噶举派掌握先后达19年的情况。1517年，帕竹法王驱逐噶玛噶举派势力，法会才得到恢复。

1643年，在五世达赖喇嘛主持下，建立了政教合一的甘丹颇章政权，祈愿法会有了一些改革和新的内容：1. 法会时间，由原来的正月初一至十五日改为正月初三至二十四日。2. 法会期间，在三大寺僧人中考取“格西拉然巴”（一等格西），每年录取16名，前7名由甘丹赤巴率领踏街夸耀。3. 正月二十四日，由甘丹赤巴主持，哲蚌寺俄华扎仓和布达拉宫朗吉扎仓的僧众诵驱鬼经，举行规模宏大的“默朗朵甲”驱鬼仪式，由古装骑兵护送，鸣放火铳，燃烧“朵玛”，向拉萨河南岸趋之。

这些规程一直延续到1959年，西藏民主改革后停顿。1960年再度恢复，“文革”时期再次中断。1986年元月，“默朗钦茂”又与它的信徒见面了。

雪顿节哲蚌寺展佛

沐浴节

雪顿节 雪顿节原是百姓为藏历六月间修行闭斋的僧人们的施舍日，后演化成为一个专门演藏戏的节日，时间在藏历七月一日至十日左右。每年此时，藏族群众不分男女老幼，倾巢去看藏戏。现在的雪顿节大约形成于17世纪中叶，即五世达赖喇嘛掌握西藏政教权力之时，此后不断丰富发展。

沐浴节 藏语称“嘎玛日杰”，时间为藏历七月六日至十二日。此时藏乡风和日丽，气候宜人，草绿花鲜，天蓝水清，人们扶老携幼来到河边，或游泳，或嬉戏，欢乐无穷。据说此时的水可除病祛灾。沐浴节大约有七八百年的历史，其起源无从查起。据民间传说，早先藏区发生过一次大瘟疫，人死畜亡无数。百姓纷纷祈祷上苍降福，感动了观世音菩萨，派出仙女拿神水洒在藏区的所有河湖中，再托梦给大家，结果大家下水沐浴，病瘟顿时消除。这便是沐浴节的来历。

世界烟祭日与林卡节 拉萨、昌都、日喀则地区在藏历五月初一至五月十五日有一逛林卡的节日称“赞朗结桑”，传说是世界神灵下降之日。节日之时要进行煨桑祈祷仪式。后期的人们渐渐淡化了这一仪式，而成了纯粹的逛林卡节。

煨桑是藏人生活中的一件大事，每个家庭、部落一年四季要煨许多次桑。后期的煨桑成为一种重要的宗教仪式，大则祈求国泰民安、五谷丰登，小则祈求消灾免难、幸福吉祥。至少

▲

煨桑用的艾蒿和石南草

在苯教兴起后，作为一种宗教仪式，烟祭在内容和形式上已经定型。

知识链接 **煨桑** 烟祭之意，即以烟火祭祀。据有关专家考证，远古时部落里的男子们出征或狩猎回来，部落的首领、长者和妇女儿童，在寨子外面的郊野，燃一堆柏树枝和香草，并不断向出征者身上洒水，用烟和水驱除掉因战争或其他原因染上的污秽之气。

7世纪佛教传入藏土，经过莲花生“化苯为佛”的吸收革新，苯教的许多祭祀禳祓仪式便与佛教相结合，烟祭也不例外。据文献记载，在牟尼赞普时期，烟祭与佛教的“四大供养”相结合，形成了“世界烟祭节”这一传统节日，时间为每年藏历五月十三日。

林卡节的时间也是在五月十三日，实际上是由世界烟祭节演变而来，或者说就是世界烟祭节。每年这一天，据说全世界的一切神祇都来享受人间香火，因此人们必须上山头，或下河沿，燃起烟火，供奉四大宾客，有条件的还要请喇嘛念经。

烟祭的用物并不复杂，主要是柏树枝叶，没有柏树枝叶则用松树枝叶，还用艾蒿、石南等香草叶子，撒上糌粑、五谷诸物。桑燃起后，要洒一点净水。净水洒完后，方磕头祈祷。

如今的林卡节，许多地方烟祭已成为形式和遗迹，每到此节日，人们携家带口来到森林边、草地上，扎上帐篷，喝酥油茶、青稞酒，弹琴、跳舞、唱歌。个别地方还增加了赛马等内容。

林卡节 ▶

马术表演

射箭

捡哈达

赛马会 藏区的赛马会一般在七八月举行，主要有以下几种形式：1. 纯粹的赛马。2. 骑手们化装成古代将士，身披铠甲，手持弓箭赛马，穿插骑马射箭比赛或从地下捡羊、捡哈达等，这种比赛带有杂技和表演性质。3. 赛马、演节目、物资交流等混合。如此便成了项目众多、规模宏大的民间集会。

▲

望果节

望果节 西藏地区藏历八月最重要的节日是望果节，“望”是“田地”之意，“果”是“转圈圈”之意，合译为巡田或者转田埂较为合适。望果节可能源于祈求丰收的一种宗教仪式。望果节后，遂为紧张的秋收工作，因此这一天也逐渐成了跳舞、唱歌、赛马等娱乐活动的盛大节日。

俄喜节 藏历十二月初七日是四川凉山彝族自治州木里藏族自治县藏族人民的传统节日——俄喜节。俄喜节的由来据说是从西藏、云南等地迁入此地的阿哲、让甲、草坡、八尔等藏族部落到达今木里县之宁朗、车子、白硼、桃巴等地定居的时间恰为腊月初七日之夜晚，所以俄喜节定为腊月初七，过法同藏历年。

宗教节日与法会

许多宗教节日，均来自于宗教法会。初在寺院和僧人中举行，渐次波及社会，成为僧俗共同的节日，或成为具有节日意义的法事活动。

四大法会 寺院的法会类型较多，大的寺院有众僧全部参加的法会，也有各个扎仓僧人参加的法会。有些法会是属于纪念性的。比如藏历四月初十日起的四月发愿法会，是纪念释迦牟尼诞生、出家、涅槃，通常是在四月八日开始；六月初三日起的六月法会，是纪念释迦牟尼“三转法轮”；九月二十日起的九月发愿法会，九月二十六日结束，纪念释迦牟尼“降凡”，以上被称为四大法会。

▲

释迦牟尼铜鎏金像

送魔节和亮宝会 这两个节日，基本上藏区都过。

以拉卜楞寺为例。拉卜楞寺的送魔节是藏历二月初七日，先用钱“买”一名穷人，化装成魔鬼模样，身穿半白半黑的翻毛皮袍（西藏为两个，一穿白一穿黑），脸也涂成半白半黑，头插羽毛。初七日在大经堂举行宗教仪式后，由大昂和夏旦劳巷佛殿的僧众念经送“多尔钦”（大施食）并将化装成魔鬼的人“驱逐”至大夏河对岸，七天内不准返寺。

藏历二月初八为亮宝会，早上在寺旁的“仓拉”（寺旁集市）瞻礼绘有寺主嘉木样活佛源流的大佛像，佛前有供养，由衣着整齐的僧侣千人各执象牙、犀角、羚羊角、珊瑚、玛瑙、各种化石，以及著名活佛的衣帽、用具、法器等，随仪仗队，伴着化装的狮子、野牛、大象、老虎，由弥勒殿前出发，到仓拉佛前，由僧众念经沐浴后绕寺一周，返回讲经院，最后在小僧侣的舞蹈中结束。亮宝会含有祈求吉祥幸福、兴旺昌盛之意。

◀ 萨迦寺跳神也是一个僧俗同乐的节日

▲

萨嘎达瓦节

萨嘎达瓦 藏历四月十五日是释迦牟尼入胎、成道、圆寂日，故称藏历四月初一至十五日为“萨嘎达瓦”（善果期），各地藏民在这些日子里都要磕长头，朝佛念经，做种种功德。

浴佛节 藏历四月初八为浴佛节，四川省甘孜藏族自治州康定地区的藏族群众要过转山会，祭神祈福，游山拜佛，求得农牧丰收、兴旺。有时还要举行赛马、射箭等比赛。

其他一些宗教节日还有：

1. 藏历三月十五日为时轮金刚节，纪念藏历第一个绕迴之第一天（藏历火兔年1027年3月15日）。

2. 藏历五月初五为“桑吉曼拉”节，传说这一天药圣要洒下圣水灵药，因此华锐地区的人们在这一天要到山上去采药游山，饮酒作歌，尽情娱乐，同如甘南地区的“香浪节”。

3. 藏历五月十日是莲花生大师的降生日，称“智达得

大昭寺仙女节

钦”，每年一小庆，十二年一大庆。

4. 藏历九月二十二日为降神节，人们朝佛、行善、诵经。

5. 藏历十月十五日为仙女节，藏语称“摆拉旦珍”，举行多种降神活动，妇女以为这是她们的节日。

6. 藏历十月二十五日是宗喀巴圆寂日，这天晚上各地俗人家庭和寺院要在屋顶上点无数灯，寺院要举行隆重的宗教纪念仪式，并发放喇嘛口粮份金，这一节日藏语称“甘丹阿曲”，俗称燃灯节。

7. 藏历十二月二十九日是驱鬼节，各寺院举行盛大的跳神驱鬼活动。

第六章
文学与艺术

藏民族是文学极其丰富的民族。无论是民间文学，还是作家文学；无论是古代，还是当代，在其走过的几千年历史文明中留下的脍炙人口的文学作品与讴歌民族的藏族作家，已成为藏族文化中耀眼的群星。藏区是歌舞的海洋，是艺术的殿堂。从史前时期的歌舞，到吐蕃王朝时期壁画呈现的乐器，再到藏戏的形成与发展；从《绘画度量经》传入藏地，到壁画、唐卡、雕塑，数不胜数的佛教艺术瑰宝的创作，充分表现了藏族聪慧的艺术天分和高超的艺术水准。

▲

《格萨尔王》说唱表演

英雄史诗《格萨尔王传》与藏族文学

英雄史诗《格萨尔王传》

《格萨尔王传》的部数和基本内容 《格萨尔王传》是世界上最长的史诗，究竟长到何种程度，难于统计。青海的说唱艺人才让旺堆能演唱148部之多，且有每部之部名，可谁也没听他讲完过这些说部。据王沂暖的统计，有抄本、刻本、艺人说唱后录成磁带的141部，其中数过唱词行数的仅42部，唱词共257 300句。此数是惊人的。

《格萨尔王传》虽然以“宗”分列各部，形成套数，而各部（宗）所讲多是部落间的战争故事。史诗充分地反映了格萨尔抗击外族入侵，抑制豪强，扶助弱小，降妖除魔，使百姓安居乐业这一主题。

知识链接 **《格萨尔王传》**这部恢宏的史诗反映的是：当时人间妖魔鬼怪横行，残害百姓，白梵天王的三儿子“世界雄狮宝珠制敌王”格萨尔投生下界，作黑头人的君长。降伏妖魔，抑强扶弱，拯救老百姓于水深火热之中。

《格萨尔千幅唐卡》书影 ▶

格萨尔其人 “格萨尔”标志着藏族英雄时代的不朽佳作。神话时代的先民为了解释自然和摆脱自然的束缚，将自然力神化，从而一往情深地崇拜自然力，歌颂自然力，成为自然的“奴隶”。英雄时代的到来，使先民的目光投向人，投向他们自身，投向沸腾的部落战争生活，战争中的英雄便享有神的地位和具备神性，人们歌颂神的同时歌颂人，发现人的本质力量。不朽的形象格萨尔就是这样一位半神半人的形象，他依托神的威力和神通，借神的旨意办事，实现的生活理想却是打击强梁，扶助弱小，降妖伏魔，让老百姓过上没有兵燹和灾难的太平日子。

格萨尔王画像

半人半神是格萨尔形象的一个重要特征：作为神，格萨尔来自天界，他是白梵天王的第三子顿珠尕尔保；作为人，他出生于王族（部落酋长）。除了这些与格萨尔的形象直接相关的尊号外，格萨尔有自己另外的几个名字：他在天国时的名字叫顿珠尕尔保，另外还有推巴噶瓦、波多噶布、觉如等称呼。“格萨尔”一名是其获得王位后的尊号，通常理

格萨尔石刻

知识链接 受佛教文化的影响，格萨尔的尊号中也有了佛教内容：1. 白梵天王的儿子；2. 三大怙主的化身；3. 莲花生的化身；4. 五方佛祖最优秀的心爱子；5. 佛祖释迦牟尼的高徒；6. 佛教的维护者；7. 千位佛祖的使者。

解为“花蕊”，概言格萨尔英武、聪慧。

《格萨尔王传》所反映的社会 《格萨尔王传》在宗教中所反映的基本都是大自然崇拜，尽管后期苯教、佛教的浸染不可低估，但它仍然保存了丰富的原始文化特点；从社会组织看，它是由氏族部落发展起来的；史诗产生于英雄时代，英雄崇拜也是史诗的重要内容之一。

民间文学

《金玉凤凰》书影

藏族的民间故事和传说，可谓汗牛充栋。据粗略统计，1949年以后出版的民间故事、传说集在60种以上。

故事 从内容看，故事几乎涉及人类生活的一切方面，这里只将藏区流传比较多的品种予以介绍。

民间故事集成主要有两类：一是对某一格言的注释故事集；二是成系列的故事集。对格言的注释故事集主要有：《萨迦格言及注释》《甘丹格言注释》《益世格言注释》。成系列的故事集主要有：《尸语故事》，版本较多，译名也不统一。《尸语故事》主要有：青海十三回手抄本《具神通的人尸故事》、拉卜楞版二十一回本《人尸变金的故事》、西藏二十一回手抄本《起尸变金的佛法故事》、德格版十六回本《具神通尸首故事》等。20世纪50年代以后以此为基础翻译整理的故事集有《金玉凤凰》《神奇死尸》《说不完的故事》等。取同存异，故事总数大约50篇。除《尸语故事》外，《喻法宝聚》也是重要的书面故事。故事内容多为宣扬佛教义理，其中的一些故事（《猴子捞月亮》）明显来自于佛经故事。

《阿古登巴的故事集》书影

民间流传的故事包括机智人物故事，婚姻、爱情故事，动物、寓言故事等。《阿古登巴的故事集》是家喻户晓，为藏族群众喜闻乐见的机智人物故事，大多短小精悍，或讽刺，或揭露，或以幽默、诙谐、调侃，令人喷饭。

藏族故事中还有许多优美的动物故事和寓言故事。像《爱虚荣的乌鸦》《谁最可贵》《鬼怕什么》《老虎到底是老虎》《兔龟斗智》《恶狼的下场》《可怜的小白兔》《负义的青蛙》等，在民间广为传播。这些故事短小精练，通过动物表达一些深刻的哲学道理和生活经验，给人以多方面的启迪，深受群众喜爱。

传说 藏族的传说主要有风物传说和人物传说两类，人物传说中以赞普和高僧为多，风物传说以名胜古迹为多。

1. 风物传说。此类传说可谓俯拾皆是，如《珠穆朗玛峰的传说》《卧错湖的传说》《阿尼玛卿雪山的传说》《通天河的传说》《玛雅雪山的传说》《甘丹寺经堂大柱子的传说》《昌珠寺的传说》等，这些传说大多有一个优美动人的故事。还有相当一部分是讲述器物和动物等的来源，如《兔子为什么是三瓣嘴》《茶和碗传入西藏的传说》等。

2. 人物传说。人物传说涉及面广，交叉的传说故事也多。同样，一些家族、部落来历的传说也多伴随着一些重要的历史人物而存在。早期的传说似乎重在吐蕃赞普们，如《聂赤赞普的传说》《仲年德乌赞普的传说》《达日宁塞的传说》《止贡赞普的传说》《松赞干布的传说》《朗达玛的传说》等；其次是大臣们和战将的，如《噶尔·东赞的传说》等；再有就是关于佛、菩萨和高僧的传说，如《莲花生大师的传说》《尊者阿底峡的传说》《米拉日巴的传说》《玛尔巴的传说》《八思巴的传说》《宗喀巴的传说》《汤东杰布的传说》《三世达赖的传说》《五世达赖的传说》《更敦群培的传说》等。

讲唱文学 藏族的讲唱文学十分丰富，像“折嘎”唱词优美动人，涉及生活内容的各个方面，形式灵活，深受藏族群众喜爱。从其成就观之，仍以长篇英雄史诗《格萨尔王传》为首。

舞台说唱《格萨尔》

《格萨尔》的演唱形式，说唱艺人，藏语称“仲娃”或“仲肯”。“仲”为“故事”之意，“娃”和“肯”为缀词，此处可译为人，“仲巴”即为“讲故事的人”。由于“仲肯”的类型不同，因而演唱的形式也各不相同。总体看，艺人的类型有如下几种：

1.“巴仲”，即“神授艺人”，取“梦传神授”之意。这种艺人多有一段神奇的经历，突然成为说唱格萨尔的艺人。目前藏区的“巴仲”艺人近30名，像已故的著名艺人扎巴老人、著名女艺人玉梅都属于“巴仲”类型。这些人基本上不识字，但都有惊人的记忆力（创造力），都有少年时代做梦后开始说唱生涯的经历。

2.“退仲”，靠听闻学得他人说部而说唱《格萨尔》的艺人，在艺人中所占比例稍大。其中多数人不识字，反复听讲，耳闻熟记，就可说唱；一部分识藏文的人，借助文字进行说唱。“退仲”不以说唱《格萨尔》为谋生手段，他们或务牧或务农，只在闲暇时说唱。这种艺人所学多为《格萨尔王传》中的精彩片段，诸如《天岭卜筮》《英雄诞生》《赛马称王》《北地降妖》《霍岭大战》等。

3.“德仲”，即为掘藏艺人，靠挖掘出来的伏藏（关于格萨尔内容的本子）进行说唱的《格萨尔》艺人。“掘藏”形式的出现与藏传佛教文化有直接关系。掘藏艺人人数较少。

4.“丹仲”，即为吟诵艺人，是靠阅读格萨尔抄本或木刻本讲唱《格萨尔》的艺人。这部分人需要有一定的藏语文水平。由于格萨尔牵扯到曲调问题——许多是靠唱讲述的，倘若曲调变化较少，很难吸引听众，因此这部分艺人在曲调上是颇费力的，尽量使之丰富。像四川省甘孜藏族自治州德格县的女艺人卓玛拉措，嗓音圆润动听，据说她唱遍了《格萨尔》的所有回部，闻名遐迩。四川人民广播电台曾播出过她说唱的《格萨尔王传》。

5.“扎仲”，即为圆光艺人，是通过看铜镜、碗水、拇指盖等器物说唱《格萨尔》的艺人。

《格萨尔》说唱艺人

知识链接 **圆光之术** 藏区巫师占卜手段之一，在藏区较为古老，也较为普及，是藏区众多的占卜术中较为重要的一种，与今选择达赖、班禅灵童时观看神湖之影像，同出一辙。据从事艺人研究的杨恩洪等介绍，“扎仲”艺人目前仅有西藏自治区昌都类乌齐县76岁的卡察扎巴·阿旺嘉措，数年来，借助这种神奇的看视铜镜的手段，已写出9部《格萨尔王传》，有些回部已由西藏人民出版社出版。

6. “洛仲”，靠读木刻本、手抄本自学背诵，从而说唱《格萨尔》的艺人。这些人均识字，喜欢《格萨尔王传》，据说他们过目不忘，靠自己的天赋记忆力讲唱《格萨尔王传》。

▲

《格萨尔》说唱

7. “颇仲”，靠神灵附体说唱格萨尔的艺人。有目击者说，“颇仲”艺人大多平时不会说唱，只在神灵附体、处于昏迷状态时，才如江河决堤，唱词诗文滚滚而来，而一旦神灵离体，则不知所云，所讲词句亦无记忆。

8. “知仲”，书写《格萨尔》的艺人。据说他们作为艺人的特殊处是在书写前，脑中无所知，甚至无所思，而一旦提笔书写，顿时妙笔生花，将《格萨尔》的故事、唱词一一写将下来。

9. “结仲”，是一种传继艺人。这种人多出生于格萨尔世家，耳濡目染，从而成为艺人；有的则因投师学艺继承老师衣钵成为艺人。

《格萨尔》的音乐和曲调，《格萨尔王传》作为讲唱文学，音乐和曲调在史诗中具有重要的作用，歌词要适应音乐的需要，必须要有其固定的节奏。其讲唱格式，从史诗的整体看，倘若我们稍加改造，便是一部庞大的诗剧或者说歌剧。众多的人物都靠唱来表现自己，只不过各类人物的唱腔、唱词都是由《格萨尔》艺人一人代替而已。正文之后，多数唱词在末尾要与前之曲调有照应性交代，构成唱词本身的起、承、转、合。从音乐的特点上看，《格萨尔》为一组曲，而从人物看，又有人物套曲；在不同的“宗”（分部）和不同地区，音乐和曲调多有自己的特色。

民歌 丰富多彩的藏族民歌，源远流长，除了那些在民间至今传唱的古歌外，敦煌文献中就有早期民歌的记载，其中大量的卜辞，也是诗歌形式。

1. 长歌。目前收集到的藏族叙事长歌（或者说叙事长诗）主要有：《流奶记》《卡吉嘉洛》《不幸的擦瓦绒》《益西卓玛》《不

《密色协惹》书影

《西藏歌谣》书影

幸的姑娘》《拉萨怨》《负心的喇嘛》《唐洛郭哇》《达纳多和霍雄》《在甲格尔草原上》。与叙事长歌相并的另有一类不叙事的长歌，也可包括其中，主要篇目有：《青稞歌》《吉祥羊歌》《纳嘉才洛遗言》等。叙事长歌主要分两方面内容：（1）反映黑暗统治下藏族人民的悲惨生活的叙事长歌，西北军阀马步芳统治青海的40年间，对藏族人民进行了残酷的镇压、奴役和迫害，《流奶记》和《卡吉嘉洛》反映的就是这一时期藏族人民的悲惨生活。（2）反映男女爱情生活的叙事长歌，像脍炙人口的爱情长歌《拉依勒和隆木措》，如同《梁山伯与祝英台》一般优美感人。

2．情歌。藏族情歌色彩斑斓，不仅数量多，质量也是藏族民歌中的上乘。1949年以后，民间文学工作者们搜集、整理、出版、发表了不少情歌作品，如作家出版社出版的《密色协惹》《哈达献给毛主席》《玉树藏族民歌选》，人民文学出版社出版的《西藏歌谣》《甘肃歌谣》《青海歌谣》，上海文艺出版社出版的《藏族民歌》，长江文艺出版社出版的《藏族情歌》，甘肃人民出版社出版的《藏族情歌选》等，都收辑有相当数量的情歌。此外，《民间文学》《诗刊》《星星》《延河》《西藏文艺》（后更名为《西藏文学》藏、汉文版）、《青海湖》《甘肃文艺》（后更名为《飞天》）等杂志也刊载过不少藏族情歌。

从内容看，藏族情歌大体可分为以下一些类型：询问歌、相识歌、别离歌、思恋歌、失恋歌、恋爱道德歌等。此外，生活劳动歌也是藏族民歌的重要组成部分。

藏语民歌的韵律有六音节、七音节、八音节、九音节等多种形式，各音节中可分为一段体、两段体、三段体和多段体。

作家文学

藏族作家文学非常发达，其文学样式有诗歌、传记文学和小说等。

诗歌 因以宗教内容为主体，也称为宗教道歌或宗教道情。

1．道歌。道歌的代表作家是米拉日巴（1040—1123），后藏贡塘人（今西藏自治区吉隆县），藏传佛教史上著名的诗僧。其子弟搜集整理成《米拉日巴道歌集》，约400首。如描写别离的道歌：

高远辽阔的蓝天怀抱里，
有日月偎依旋转，
如今要须臾分离——
蓝天啊，请您平安长在，
我日月去绕行四洲；
虽然只是暂时别离，
愿您不要被乌云遮蔽，
也祝愿我日月不要被天狗吞吃。
祈愿我们常相会，
祈愿吉祥的共同法门让我们相会。
……

米拉日巴瓷塑彩绘像

米拉日巴的道歌采用了民众喜闻乐见的鲁体民歌形式，语言朴素流畅，多用比喻、夸张等手段，生动活泼，脍炙人口，深受读者的喜爱。自米拉日巴以后又出现了许多道歌，如《多罗那他道歌集》《晋美旺布道歌》《丹贝卓美道歌》《格桑嘉措道歌》等。

2. 格言诗。随着佛教传入藏地，以佛经文学为主体的印度文学也传入藏地。就诗歌而言，译成藏文的著名叙事诗有《罗摩衍那》《菩萨本生如意藤》《佛所行赞》等；抒情诗有《云使》等；格言诗有《百智论》《修身论智慧树》《修身论众生养育滴》《颂藏》等。格言诗的主要内容是扬颂佛法，宣传佛教教义，由于它短小简洁，易于记诵，同时也包含了许多做人做事的道德、行为原则和生活经验，受到藏族知识界的普遍欢迎。这方面的代表人物是萨班·贡嘎坚赞及其代表作《萨迦格言》。

《萨迦格言》书影

知识链接 **萨班·贡嘎坚赞（1182—1251）** 西藏萨迦地方人，萨迦五祖之第四祖，大学者。他出生于宗教世家，自幼聪颖好学，25岁时拜印度大学者释迦师利等为师，修习《量释论》等因明著述及内明、声明、医方明等“五明”之学，终成博学多才的学界大师。萨班在政治上的重要贡献是于1246年在凉州会晤蒙古阔端王，尔后发书《告蕃人书》，主张归顺蒙古。从此，西藏纳入中央行政管辖之下。萨班在学术上的贡献涉及宗教学、语言学、医学、音乐等多个学科领域。在文学方面的传世之作《萨迦格言》，更是家喻户晓，人人皆知。

《萨迦格言》共有观察学者品、观察贤者品、观察愚者品、观察贤愚间杂品、观察恶行品、观察正确处世方法品、观察不正确的处事方法品、观察事物品、观察教法品等9章，共457首，充满了为政、为民，为自身生活、事业、成就的智慧和经验。

无论是民歌还是作家诗歌，藏民族有着丰富独特的爱情诗歌，其中以仓央嘉措的情歌为代表。

仓央嘉措（1683—1706），西藏门隅地区人。五世达赖圆寂后，第巴桑吉嘉措匿丧不报，暗中认定仓央嘉措为第六世达赖喇嘛。1697年仓央嘉措15岁时，被迎至布达拉宫坐床。1701年达赖汗去世后，拉藏汗继汗位，与第巴桑吉嘉措关系恶化，桑吉嘉措曾买通汗府的人向拉藏汗进毒被发觉，旋集卫藏兵民与之对抗，兵败被杀。桑吉嘉措死后，拉藏汗状告清朝皇帝，认为桑吉嘉措秘密立的达赖是假的，而且追逐酒色，不守僧规，请求废止。康熙皇帝即诏令“执献京师”。1706年仓央嘉措在解送北京途中经青海湖逝世，时年24岁。

仓央嘉措画像

仓央嘉措受过良好的教育，有较好的知识素养，他的作品清丽、朴素、细腻，意境构思和形象创造均属上品，代表了18世纪藏族诗歌的最高水平。

常想的喇嘛面孔，
怎么也来不到心上；
没想的心上人的容颜，
却出现在眼前明明朗朗。

夜里去会情人，
早晨落了雪了；
守秘密又有啥用，
脚印已踏在雪上。

仓央嘉措的情歌多是6字三顿，每首4句：

ཤར་ཕྱོགས་/རི་བོའི་/རྩེ་ནས།།	从那/东方/山顶，
དཀར་གསལ་/ཟླ་བ་/ཤར་བྱུང་།།	升起/皎洁/月亮。
མ་སྐྱེས་/ཨ་མའི་/ཞལ་རས།།	未嫁/少女的/面容，
ཡིད་ལ་/འཁོར་འཁོར་/བྱས་བྱུང་།།	显现/在我的/心上。

仓央嘉措现存的情歌多为后人收集。有的50多首，有的60多首，有的100多首，也有的400多首。有些情歌是仓央嘉措所作，有些则不一定，只是民间多有流传，收集者将它归入仓央嘉措名下。

3. 当代诗歌。20世纪50年代后的藏族诗歌创作大体可分为三个阶段、两支队伍。三个阶段：1949年至1965年为第一阶段，1966年至1977年为第二阶段，1978年至今为第三阶段。两支队伍，即藏语文创作队伍和汉语文创作队伍。略举两例。

擦珠·阿旺洛桑（1880—1957），阿旺洛桑是位著名的学者和爱国诗人。生于拉萨贵族定甲之家，5岁时被认定为甘丹赤巴（甘丹寺法台）洛桑格勒活佛的转世灵童。25岁考取拉让巴格西学位。曾任十三世达赖喇嘛的私人秘书和九世班禅的助理。曾协同著名学者喜饶嘉措大师校勘藏文《大藏经》而蜚声中外。西藏地方和平解放后，担任西藏军区干部学校教员、《西藏日报》副总编、西藏爱国青年联谊会委员、拉萨小学董事等职。怀着对新中国、新社会的满腔热爱，用藏文创作了《歌颂各族人民的领袖毛主席》《写在建军节》《碧空银鸽》《世人同声维护和平》《欢迎汽车之歌》等诗作，这些诗大多被译为汉文，产生了广泛影响。

▲

《饶阶巴桑诗集》书影

饶阶巴桑（1935—　），一级作家，新中国成立后成长起来的藏族著名诗人，云南省迪庆藏族自治州德钦县呼日林村人。1956年他以处女作《牧人的幻想》一举成名。1960年出版了诗集《草原集》。

小说　藏族古代两部长篇小说诞生于18世纪，短篇小说以寓言见多。新中国成立以后，尤其是党的十一届三中全会以后，藏族小说创作得到了空前的发展。

《勋努达美》，18世纪长篇小说，朵噶·次仁旺杰著。又译《勋奴达美》《青年达美的故事》，小说记述的是这样一个爱情故事：公主益雯玛倾心于文武双全、品貌出众的勋努达美王子，然而公主的父亲赛登国王已将女儿许配给了邻国王子哈列皮琼。为了追求幸福的爱情，勋努达美和益雯玛与包办婚姻进行了坚决的斗争，经过无数的波折，终于战胜了哈列皮琼王子，结为眷属。

《郑宛达娃》，18世纪长篇小说，作者是达普寺第四代活佛达普巴罗桑丹贝坚赞，又译《郑宛达瓦》。《郑宛达娃》讲的是奸臣严谢父子千方百计企图加害王子曲吉尕娃，谋国篡位的故事，几经曲折斗争，正义战胜邪恶，曲吉尕娃王子获得胜利，奸臣的阴谋被揭露，遭到了应有的报应。

党的十一届三中全会以后，藏族的小说创作得以迅速成长，出现了一批作家和作品。长篇小说主要有：降边嘉措的《格桑梅朵》《十三世达赖喇嘛》，益希单增的《幸存的人》《菩萨的圣地》《迷茫的大地》，班觉的《松耳石》，益希卓玛的《清晨》，多杰才旦的《又一个早晨》，丹珠昂奔的《吐蕃史演义》，扎西达娃的《骚动的香巴拉》，扎西班丹的《一个普通家庭的岁月》，央珍的《无性别的神》，梅卓的《太阳部落》等。同时也涌现出了一批中、短篇小说作家，发表中、短篇小说700篇，其中汉文约400篇，藏文约300篇，不少力作在全国性评奖中获奖。

传记文学　敦煌文献中的《赞普传略》，可以称为目前有文字记载的最早的传记作品。王尧、陈践译注之《敦煌本吐蕃历史文书》辑为十章，分为《止贡赞普》《达布聂塞》《纳日伦赞》《松赞干布》《赤松德赞》等赞普的传略。这些传记是纪实之作，具有较高的文学价值。

藏族传记文学进入兴盛时期基本上是在藏传佛教诸教派的完全形成之后。以桑杰坚赞的《米拉日巴传》为代表，出现了《布敦大师传》《萨迦班智达传》《玛尔巴传》《日琼巴传》《汤东杰布传》等一批名作。16世纪中叶达赖、班禅两大活佛系统建立，传记文学也由兴盛时期转为稳定发展时期，出现了几世达赖喇嘛传、几世班禅传等成系列的传记作品，同时也出现了《颇罗鼐传》《噶伦传》《多仁班智达传》等一批名著。

歌的海洋　舞的故乡

音乐

藏族的音乐传统源远流长。从史前时期的歌舞，到吐蕃王朝时期的壁画中所反映的乐器，都可以说明这一点。尤其印度佛教传入藏地，也推动和发展了藏族音乐理论。

藏族自著的音乐著作大约要数萨班的《乐论》为早，这是一部参考印传音乐著作所写的内容涉及《旃陀罗波字经》的七音品理论著作。

知识链接　旃陀罗阁弥对七音的形象的描写

1. 具六（梵文shadja，藏译དྲུག་སྐྱེས།），具六之声如孔雀。
2. 神仙（梵文Rishabh，藏译ཁྱུ་མཆོག 或 དྲང་སྲོང་།），神仙之声如黄牛。
3. 持地（梵文Gandhara，藏译དྲི་འཛིན། 或 ས་འཛིན།），持地之声如山羊。
4. 中令（梵文madhayam，藏译བར་མ།），中令之声如鸿雁。
5. 持五（梵文pancham，藏译ལྔ་པ།），持五之声如杜鹃。
6. 明意（梵文Dhaivata，藏译བློ་གསལ།），明意之声如骏马。
7. 近闻（梵文Nz-lshada，藏译འཁོར་ཉན།），近闻之声如巨象。

藏族的乐器主要有：

鹰笛　用鹰骨制作的吹管乐器，粗细、短长无定，横吹。管有按孔六个，吹孔一个，演奏时用左右手之食、中、无名指按孔。音色悠扬，便于携带。卫藏、安多、康区均有分布，一般多为男性演奏。

岗令　意为腿骨号（或笛），吹管乐器，粗细、大小均不固定，多作为寺院法器，有的设两按孔，竖吹。寺院内多在其外镶铜银嵌珍珠，威严而美观。现也用铜等制作。

董　即海螺。因藏族喜用白海螺，故多用作宗教法器和古时藏军军号，民间

胫骨号筒

▼

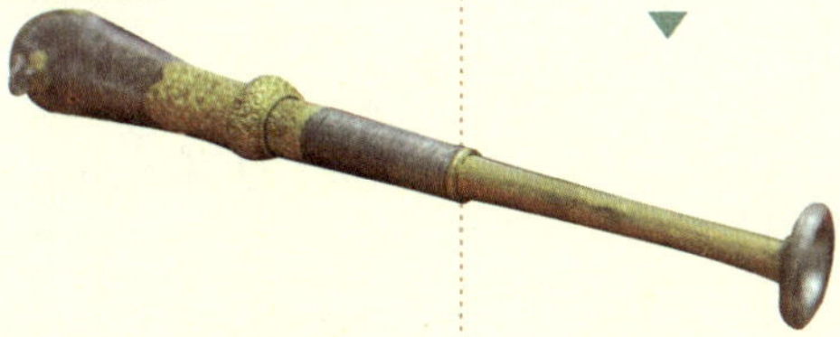

▲

白海螺

也有流传。音色浑厚、沉稳，部落集会、祭祀、庆典、战事等大型活动中均用此器。同时，它也是寺院乐队中的重要乐器。有黄铜镀金或银等镶饰为翼的镶翅法螺，庄重精美，多视为圣物。整个藏区均有流传。

铜钦 大号，吹管乐器。凡藏传佛教寺院均有流传。多由铜管构成，总长约丈余。演奏时拉长，平时将三节套于下端（最粗的一节）。多用于寺院之大型节目和重要法会，声音低沉、威严而有肃杀之感。

铜钦演奏

铜钦

牛角琴 用野牛角制作的拉弦乐器。琴筒用野牛角粗端绷皮做成，上钻小孔，插入长约2尺许的琴杆，弓以弯曲木条和马尾制成，双股弓毛置于弦间。演奏时，将琴放于双膝之上，琴杆贴于左肩。音色婉约，柔而动听。主要流行于甘肃省甘南藏族自治州。

根卡 拉弦乐器。木筒，琴底放一尖头棍，可立于地面。三弦，琴面绷以羊皮，弓以曲木棍和马尾制成。演奏时，执琴者坐于凳子上，琴座贴于左腿，跳弓、顿弓、拨弦均可。音色清亮，柔润和美。主要流行于拉萨、日喀则地区。相传，此乐器于17世纪时由拉达克传入藏区。

扎聂 弹拨乐器。琴壳木制，琴面绷羊皮、獐皮、蟒皮等，长短不一，85厘米~130厘米，六弦。演奏时，用琴带斜背肩上，或坐

行进间跳动时拉奏弦子

巴塘弦子制作：琴头多用龙头或宝塔顶装饰（意寓吉祥）

弹，或站弹，或且舞且弹，形式多样。流行于整个藏区。

必汪 拉弦乐器，俗谓弦子。琴筒为绷有羊皮的竹筒，杆为硬木，双弦，弓由竹条和马尾制成。高低不等，大小不一。它是旧时代热巴的常用乐器，尤其是四川、云南地区的弦子舞，均由演奏“必汪”者领舞，且奏且歌且舞。音量虽小，但悠扬动听。流行于整个藏区。

达玛若 打击乐器，俗称拨流鼓或䥽鼓。两面鼓，中身较小，系束皮绳、彩带等饰物。演奏时用中指、无名指、小指击鼓。此外，尚有长柄鼓、甲林、扬琴等乐器。

达玛若

藏族音乐一般被分为寺庙音乐、宫廷音乐和民间音乐三类。这三类音乐各自的蕴含是非常丰富的。

萨迦寺跳神鼓舞

萨迦寺鼓舞

歌舞

藏族被称为能歌善舞的民族，西藏被称为“歌舞的海洋”。

歌舞起源于模仿和劳动。虽然我们很难从传统的果谐、堆谐、朗玛谐、锅庄、热巴卓等歌舞表演获得对歌舞起源的透彻启示，但是在另一些形式的舞蹈中保留了一些原始形式。藏族有名的孔雀舞的基本动作都属于模仿，有孔雀漫步、孔雀喝水等动作；牦牛舞的直观模仿更重，其动作是牦牛的摇头、甩尾等基本动作的照搬；还有仙鹤舞、鹿舞，动作形式都比较古老。

羌姆舞蹈　对于舞蹈，藏族有一种归类法，称甩动手臂的舞蹈为“嘎尔”，称舞动腿足的舞蹈为“卓”，称四肢都动的为“羌姆”，而这种舞动四肢、头戴面具的舞蹈，就是宗教的法舞（俗称跳神）。羌姆舞蹈在藏区的传播更具广泛性，因为它是以一种宗教仪式而存在。

法舞的类型很多，有奠基法舞、时轮金刚根本续法舞、禳灾法舞等等。它的演出时间一般在“默朗钦茂”法会期间，在安多地区多在藏历正月十四日，卫藏地区多在藏历正月二十二日至二十四日。过去的羌姆舞蹈可能只有鼓来伴奏，渐次加进了钹，现在又有了长号和唢呐。

民间舞蹈 藏族民间舞蹈形式，可谓色彩纷呈，十分丰富。

1. 卓。“卓”是舞的意思，也叫锅庄或圆圈舞，是一种比较古老的民间集体舞蹈。主要流行在青海玉树，四川甘孜、阿坝，西藏昌都、当雄、那曲、索县等地区。

此舞蹈动作舒展，有轻歌缓舞，娴静优雅，高昂深沉；也有快歌激舞，气势澎湃，矫健雄壮。人数不定，一般是男女各半，围成圆圈，时而男唱，时而女唱，时而合唱，在领舞者的带领下，不断变换舞蹈步伐和队形，其舞蹈动作多模仿禽兽的动作，

跳锅庄

尤其是雄鹰亮翅、腾跳、盘旋的雄姿。“卓”的内容主要是歌颂神佛，过去这种舞蹈多为男性表演，也多在寺庙庆典、节日等情况下演出。

2. 谐。“谐”也是一种集体舞蹈，康巴地区称弦子舞。主要流行在青海、四川、云南和西藏昌都地区。

谐的舞蹈动作轻快、活泼，多模仿打场、收割、骑马、打猎、剪羊毛等劳动动作，喜庆节日、赛马大会、篝火野营都可边歌边舞。人数无定，可男女围圈而舞，也可男女分站成排而舞。谐的内容大多是赞美劳动、藏乡的山川景色，以表达对生活的热爱和劳动者自己的情感、向往。

3. 踢踏舞。“堆谐”的汉称，据说这种舞蹈是从“堆”地，即今雅鲁藏布江上游之昂仁、定日、拉孜、萨迦地区传入拉萨的。此舞由慢歌、歌头、快板歌舞和尾声四部分组成，由扬琴、笛子、六弦琴、串铃等乐器伴奏。基本步法也逐步固定下来：左起三步一变，右起连点五步、七步、九步点，以及踏步转等，独树一帜，深受人民的喜爱。

踢踏舞

4. 热巴舞。“热巴”意为艺人，热巴舞即是艺人表演的舞蹈。热巴舞主要流传于四川、云南藏区，西藏昌都、工布地区，是一种无伴奏、无歌唱的“铃鼓舞”。这种舞在表演前要说一段“卡谐”（快板），颂扬神佛、祝福吉祥、夸耀技艺，而后男持铜铃，女拿手鼓，围圈起舞。其鼓点为一、三、五、七、九点节奏。每一套鼓点都有相应的一套动作。

热巴舞

5. 朗玛谐。“朗玛”是一种藏族古典歌舞。“朗玛”的主要流传区域在拉萨。“朗玛”的音乐构成有引子、歌曲、舞曲。舞蹈形式分两类，以快慢区分，慢歌缓舞称“降谐”，同于清唱，动作幅度不大；劲歌快舞称“觉谐”，抬腿甩手，舞姿洒脱，部分有踢踏舞步伐，转圈踏步，致礼，华贵、典雅、庄重。

腰鼓舞

6. 拉姆楚巴。藏戏的舞蹈，自成一体，独有特色。

7. 腰鼓舞。一般称为“卓谐”，舞者身上都背有一面腰鼓，除了击鼓等动作外，并没有特殊的形式。主要流传在西藏拉萨、山南地区和日喀则地区。

高亢的藏戏

藏族称藏戏为“阿吉拉姆”，意为“仙女”。此称谓据传源于14世纪的噶举派僧人汤东杰布。汤东杰布为了解除人们过河的苦难（等待、涉水、翻船、死亡等），决心筹资架桥，即请山南琼结县百纳家的七姐妹，组成演出剧团。其中二人扮演“温巴”，二人扮演“甲鲁”，二人扮演“仙女”，一人击钹。由于演出人员均为女性，且饰演“仙女”等角色，故百姓称之为“阿吉拉姆”。由此，根据藏语表述习惯，演藏戏的人被称为“拉姆娃”。

藏戏的形成和发展

藏戏的缘起是较早的，公元七八世纪前就有其雏形。《吐蕃

藏戏表演

王统世系明鉴》载有桑耶寺落成典礼上所表演的面具舞：

黑头庶同满天地，铙钹鼓乐如雷震。

骏马亦无奔驰处，衣着美丽手击鼓。

童男少女歌且舞，又扮牛虎狮子形。

头戴面具舞吉祥，丝竹鼓乐献王前。

这种面具舞大约就是较古老的白面派戏剧。考察传至今日的白面派唱腔，仍遗有拟兽之声，诸如牛叫、马叫、驴叫声。

汤东杰布

藏族将汤东杰布（1361—1485）奉为藏戏鼻祖。汤东杰布所谓之藏戏，显然是对旧藏戏的改造，或自此诞生新的流派——蓝面派藏戏，使藏戏得到了进一步发展。

藏戏的分布

白面具藏戏　白面具藏戏是藏族最早的戏曲艺术形式，最迟在公元七八世纪，孕育于西藏山南地区的雅隆，后来的剧种多受其影响。据边多等同志考证，其唱腔“是在雅隆地区的民间歌曲，野牛舞蹈以及模拟动物的吼叫声的基础上进行加工发展而成。因此它的音乐唱腔既有藏族古老音乐基本特色，又独具山南民间音乐的乡土气息。因而它同其他藏族戏曲剧种之间，不仅在表演形式上，而且在唱腔、曲牌的基本旋律以及风格特色和鼓钹点子等方面，形成了非常鲜明的差别。由于它是藏族最古老的民族戏曲剧种，历代藏族统治者们把它当作一种古老吉祥的象征……为了保持它较原始的面貌，不准人们对它的内容到形式有任何的改动。因此，白面具戏直到现在仍保持粗犷而原始的风格特色”。其分布地区仍然以雅隆地区为主。

白面具藏戏表演

蓝面具藏戏 据边多等研究藏戏音乐考证，蓝面具藏戏起源于公元14世纪的后藏地区，由佛教高僧汤东杰布根据白面具戏的形式和特点重新创立的一个戏曲剧种，它的许多唱腔曲牌都是在后藏地区从藏族大型歌舞——“谐青”“鼓舞”“夏”的主唱对词基础上进行加工发展而成。因而它不仅具有浓郁的民族风格，而且具有强烈的乡土气息和地区特色。蓝面具藏戏的唱腔曲牌和鼓钹点等均有较丰富的艺术表现力，整个藏区均有流传。

蓝面具藏戏表演

昌都藏戏 昌都藏戏源于七世帕巴拉时期的昌都寺院中。除当地僧俗群众之外，外界人对其并不十分熟悉。它所独有的唱腔曲牌，都是在当地的民间歌舞“果尔卓”和山歌的基础上进行加工发展而成，因此其音乐唱腔略带藏族传统戏曲特有的风格和当地民间音乐所独有的特色。现已在民间流传。

德格藏戏 德格藏戏起源于公元5世纪的德格江达县。该剧唱腔曲牌大多在吸收和利用当地民间歌舞音乐之外，采纳藏传佛教艺术金刚神鬼之舞的音乐以及其他宗教音乐等基础上发展而成的。因而它的音乐唱腔、鼓钹点子以及各种宗教器乐曲牌，都独具藏传佛教艺术的浓郁风格和特色。

安多藏戏 安多藏戏发始于格鲁巴六大寺院之一的拉卜楞寺。安多藏戏结合民间歌舞和传统的神舞艺术，构成了有说有唱，有韵有舞，有较完整故事情节的六场戏剧演出形式。这种戏剧演出形式，演员临场发挥，即兴而编，幽默贴切，通俗生动，直截了当，在戏剧表演艺术中是少见的。

藏戏的角色和演出程式

藏戏中有一些固定角色，这些角色主要用于开场戏。他们是：

“温巴”——意为猎人或渔夫。七人。执彩箭，戴画有喷焰末尼图的蓝面具。

“嘉鲁”——意为王子。二人。执弓箭，穿王子服装，饰国政七宝图案。

▲

雪顿节藏戏表演（七仙女）

“拉姆”——意为仙女。七人。着古代藏族妇女装，戴仙女头饰。

藏戏的表演程式可分为三部分：

“顿”——开场戏。主要内容为祈祝吉祥，颂扬为民造桥的活佛、藏戏鼻祖汤东杰布。艺人将此用“猎人净地，太子降福，仙女歌唱”三句话概括。开场戏后，所有演员自始至终站在台上（藏戏大多无舞台，为广场戏），其他角色登台演唱时，随即伴舞、伴唱。

“雄”——正戏。戏班子中有一戏师起着非常重要的作用，他既是剧团“团长”，又是导演。正戏开始时，戏师要说“雄”，以韵白方式讲解剧情，掌握演出的节奏快慢和详略。同一剧目，根据多方情况可延伸，演四五天；也可收缩，演一天、半天。说“雄”之后，则由剧中人物表演。

“扎西”——吉祥尾声。一般都以传统藏戏《诺桑王子》中的达仁长调唱腔，在鼓钹伴奏下，唱吉祥祝福之词。

知识链接 **八大藏戏** 《文成公主》《朗萨姑娘》《苏吉尼玛》《顿月顿珠》《赤美更登》《卓瓦桑姆》《诺桑王子》《白玛文巴》为最知名的八部藏戏。从八大藏戏的取材情况看，主要有以下四种类型：第一，取材于历史，歌颂伟人的功业，如《文成公主》。第二，取材于现实生活，反映常人的情感和生活，如《朗萨姑娘》。第三，取材于传说、故事，歌颂仁爱和正义，如《顿月顿珠》。第四，取材于佛经故事，宣传佛教教义和人生观，如《赤美更登》。

《卓瓦桑姆》剧照

藏戏的艺术特点

藏戏的表演程式是传统藏戏的一大特点，除此之外，还有歌舞性特点，讲唱性特点，别致的唱腔，面具艺术性特点，神、人、魔并举的浪漫主义特点，民歌式语言特点等。

壁画与“唐卡”

藏族的绘画艺术中最有特色的是壁画和“唐卡”。在绘画的指导思想方面，《绘画量度经》具有非常重要的作用。

罗布林卡壁画

知识链接 《绘画量度经》又称《梵天定书》《梵天尺度》等，为古印度学者阿斋布著。传入藏地的时期大约在7世纪至8世纪。《绘画量度经》共三章：首章讲赤降王从梵天处得到画理真传，从而传播人世；次章讲画像的规范和它的作用（供养与教化众生）；末章讲人物身体各部分的量度、比例。作为一部理论著作，它涉及的范围比较广泛，对藏族历代绘画大师们的创作实践，具有仪轨式的指导作用。

壁画

藏族的壁画主要保存于寺院的墙壁上，流传非常广泛，可以说有寺就有画。因此，藏区寺院壁画数量之大是难以计算的。

壁画的题材

1. 围绕宗教内容的。大量的是佛教众神像，如释迦牟尼、六庄严、二胜、文殊菩萨、四大天王、罗汉、度母、仙女、护法神等，像千佛图、二十一尊度母像、密宗喜金刚像等。

2. 壁画既有对神佛进行供养、敬信的一面，又有宣传的一面，因而，许多寺院都绘有释迦牟尼的画传，详细地叙述佛祖从兜率下降，入胎、诞生，学书习定、婚配赛艺、离俗出家、行苦行、誓得大菩提、降魔成佛、转法轮、从天降临、示涅槃等事业。

3. 重要的历史人物和事件也是壁画的重要内容之一。

4. 佛教故事内容在寺院壁画中也较普遍，诸如《割肉贸鸽》《舍身饲虎》等，讲述因果报应、六道轮回的佛教教义。

"轮回图"壁画

5. 直接用图案的形式宣传宗教教义的壁画。

6. 反映僧人生活、宗教仪式和藏族风俗节日的壁画，给后世提供了许多形象的历史资料。

7. 有些壁画，形同明细地图，如《五台山图》，画着五台山的各寺院的分布情况、山形地貌；《扎什伦布寺图》，画着主要殿堂等的位置；《唐长安城郭图》，画着长安城的布局结构。

画派　藏族绘画艺术的高峰出现在明清两代，壁画也不例外，同时也出现了一些画派。

1. 门当画派。其祖师为门当人顿珠嘉措。门当画派为藏民族的绘画艺术做出了杰出贡献，现在的布达拉宫、哲蚌寺、色拉寺、甘丹寺、大昭寺、罗布林卡新宫都留下了他们数以万计的绘画作品（壁画、唐卡）。

顿珠嘉措早年就学于朵巴扎西杰画师门下，学成后自成一体，创造了“门当钦茂”画法，著有《造象量度和意珠》等绘画专著。门当画派的画风主要以色彩富丽华贵、造型严谨、堆金沥粉、笔法浑厚见长。

2. 噶玛嘎孜画派。噶玛嘎孜画派的祖师南喀扎西活佛早年也在门当派画师贡觉潘德处学习门当派画法，潜心临摹印度的合金塑像，受到印度绘画艺术的影响。噶玛嘎孜画派以线条的流畅、刚劲有力（勾线多用铁线）、神像形象的情态逼真见长。

噶玛嘎孜画派主要活跃于藏东地区，却吉扎西、噶旭噶玛扎西与南喀扎西三个代表人物一道被誉为“噶孜三扎西”。昌都地区强巴林寺、类乌齐寺的壁画都是他们的代表作品。

萨迦寺壁画

3. 江孜画派。其祖师为“乌活佛”，因祖师的诨号，此派也称“乌派”，不但吸收了尼泊尔、印度的一些绘画技法，也吸收了克什米尔绘画艺术的一些特点。代表人物有布达拉宫红宫绘画的主要执笔者曲英嘉措、洛桑顿珠与“乌活佛”。主要绘画区域在江孜、日喀则地区，独树一帜的江孜白居寺壁画，班禅大师驻锡之地扎什伦布寺、城堡式建筑萨迦寺的壁画是其代表作。

江孜画派注重画面的层次感，人物形体的饱满丰润，色彩华丽。

唐卡

唐卡是一种可以悬挂在墙上的卷轴画，同壁画一样，在传统艺术中它的分布是十分广泛的。“唐卡”一词本义有二：一是平坦，二是政府之诏命。唐卡艺术可追溯到7世纪的松赞干布时期。现在我们可以见到的较早的唐卡是宋元时期的，像莲花网目观音像等。明清两代是唐卡画的鼎盛时期。

唐卡画的种类 根据藏区唐卡的分布状况看，唐卡的种类主要有如下6种。

1. 刺绣唐卡。刺绣唐卡是用各色丝线绣成。人物、山水、花草、鸟兽、亭台、楼阁，一经刺绣，无不逼真，而且这种唐卡坚韧耐用，不易毁坏。

2. 缂丝唐卡。缂丝唐卡是用“通经断纬”的方法，用各色纬线在图案需要编织处，用经线交织，织成唐卡，这种唐卡具有立体效果，如雕石镂木，凹凸深浅，自成格局，典雅富丽。

时轮金刚
刺绣唐卡

3. 织锦唐卡。织锦唐卡质地多为缎，纬线由各色丝线组成，顺而间错，提花织造，形成所需图案、形象、景物。

4. 堆绣。也称贴花唐卡，先将各色彩缎剪成人物、鸟兽、树木、楼阁、花草等图形，粘贴在唐卡底料上。塔尔寺的堆绣颇有名气。

5. 绘画唐卡。多是先绘画于纸、牛皮、羊皮等上，尔后做成唐卡。它的基本绘画形式与壁画无二。后期的绘画唐卡有所发展，有的刻成印版印刷，则可成为“印刷唐卡”了。

绘画唐卡

6. 珍珠唐卡。珍珠唐卡是唐卡画中的特殊品种，虽然数量极少，却享有殊誉。西藏山南昌珠寺的度母珍珠唐卡，由上万颗珍珠宝石穿成，造型舒展雅致，十分昂贵。

像鲜为人知的藏族皮画艺术一样，藏族唐卡的这些种类尚未引起人们注意。

唐卡画的题材与制作 唐卡画的题材基本上和壁画的题材一样。有些唐卡画选材上具有一定分量，使之成为珍贵的历史文物。比如明成化年间绘制的《八思巴画传》，一套三十轴，已经散失五轴，该画传介绍了八思巴辉煌的一生，涉及了许多重大事件，是研究藏族宗教、历史的宝贵材料，它的历史“文献”价值大大超过了它的艺术观赏价值。

医药唐卡

许多寺庙里都保存悬挂着数以千计的唐卡画，尤以唐卡画传独领风骚。如佛祖唐卡画传、米拉日巴唐卡画传。再如藏族起源图，同样用连环画形式，讲述了猕猴与罗刹结合，后来生6只小猕猴，成为当今藏族祖先的故事。

唐卡画也反映了医学领域内容。唐卡画中就有人体穴位图，动物药图，植物药图，生命形成、生长、老死图，人体结构，医学原理，医疗器械图等等。

反映天文现象的唐卡同样十分别致，绘有日月星辰运行图，每颗行星画有象征十二天宫的动物图形，依照各自的轨道运行。

由于唐卡的品种和质地不同，其制作方法各异。在布面上绘制的唐卡，先要将干净的白布绷在木框上，涂上一层胶质石灰，用圆石等平滑器物磨平，再构图、上色、作画。

无论是刺绣、织锦、缂丝、堆绣，还是绘画印制唐卡，制成后，要用绢细布或纸等托裱背面，画四周用彩缎拼成框边，上下两端加木轴心，轴心两端安以铜银等轴头。画面之上还有一层保护装饰用的薄绢覆盖，配以彩带，可以随时揭起。

雕塑

在印度雕塑艺术传入藏土之前，藏族雕塑艺术能够见到的很少。公元前3世纪聂赤赞普为王，修建了藏族历史上第一座宫殿——雍布拉康，此后又修建了青瓦达孜宫，门楣、窗棂、桌凳、柱石，盖房建屋伴随着人们美化生活的过程，同样包含着艺术实践的过程。无论石雕、木雕，此时虽不甚精美，却以艺术形式存在于藏族之中。

雕塑的种类 藏族雕塑的种类可分为：1. 泥塑。2. 石雕、木雕、玉雕、象牙雕等。3. 铸造——铜像、铁像、金像、银像等。4. 油塑。

佛教是崇拜偶像的宗教，因此每座寺院中都有成百上千的雕塑作品，布达拉宫、大昭寺、萨迦寺、甘丹寺、扎什伦布寺、塔尔寺、拉卜楞寺，其雕塑作品——主要是佛像，蕴藏量之大是惊人的。其中主要是泥塑，次为铜像，再次为木雕等。

甘丹寺

擦擦——泥质绿度母

石雕

雕塑的题材 佛像是雕塑的主要对象，但是，佛像只是个笼统的概念，用不同的分类方法可以分为多个小系统。

1. 佛像。主要指佛祖释迦牟尼像，佛祖自身的像也不只是一个模式，有八岁像、十二岁像、等身像、化身像等多种，这些像各不相同，如同佛祖有如来、应供、正遍知、明行足、善逝、世间解、无上士、调御丈夫、天人师、佛世尊十种德号，不加以区别，容易混淆。另一类寺院中多见的佛是过去佛（燃灯佛）、未来佛（弥勒佛）、现在佛（释迦牟尼），故称三世佛。

2. 菩萨、罗汉像。菩萨主要有观音、文殊等；罗汉有十六罗汉等。

3. 祖师像。藏传佛教由于各派传承不同，尊奉的佛也有所侧重，至于祖师更是这样，莲花生被认为是宁玛派的祖师，宗喀巴是格鲁派的祖师。有时，对祖师像的重视程度超过了佛像。

4. 度母像。在女性形象的雕塑中，度母、佛母像，在寺院雕塑中占主要位置，度母中尤以白度母和绿度母为多，金刚度母像在其中也占不小比重。

5. 天王、护法神、本尊神像。

6. 佛殿里的世俗人物。佛教认为，对人类社会进步做出杰出贡献的历史人物也是佛的转世式化身。如松赞干布、文成公主等。

绿度母

知识链接 **扎什伦布寺的巨大铜佛** 此铜佛是世界第一大铜佛。肩宽11.5米，身高26.5米，一只手长1.2米，脚长4.2米。据说这尊佛像耗黄铜231 750斤，黄金6 700两，一百多个工匠花费11年工夫才修成。如此巨大的佛像，没有精湛的工艺技术是难以完成的。

油塑 藏族的油塑作品，因用酥油制作，故而被亲切地称为“酥油花”。关于酥油花的由来，传统的解释都与宗喀巴大师有关。另一种说法是，大师入藏后，母亲香萨阿切念子心切，每至儿子生日便做酥油花，用以寄托思念。

酥油花

酥油花在藏区都有传播，但要数青海塔尔寺的酥油花最有名，被称为塔尔寺三绝（堆绣、壁画、酥油花）之一。每当正月十五日之夜，来自天南地北的教徒、游人们，云集塔尔寺，观赏酥油花。由于酥油花容易融化，酥油花的制作一般在严冬季节，塔尔寺有上下两个“花院”，制作时互相保密，以便竞赛。拉卜楞寺地区也是这样，到展出的那一天再抬出来，看谁做得好，得到民众的好评。

酥油花雕塑仍然以宗教为主要内容，如佛像、佛本生故事、佛经故事等等，也有一些非宗教内容的故事，如歌颂汉藏和亲的“文成公主进藏”等，花卉、人物、飞禽走兽、山川流水、雕梁画栋，无所不包。

第七章 教育与科技

藏族发达的寺院教育，培养了数以万计的宗教神职人员，积累了丰富的教学经验，为世人所瞩目。新中国成立后，逐步建立了从小学到大学的现代教育体系。藏族当代教育一直受到汉族教育、藏族传统教育两大系统的滋养和影响。

藏族的天文历算源远流长，藏医藏药是祖国医学宝库中的一朵奇葩。

独具特色的寺院教育

藏区寺院教育系统的完善和发展是在藏传佛教格鲁派取得政教大权以后，藏族教育自此走上了一条为寺院所彻底垄断的道路。不学佛，无以受教育，受教育则必须学佛。寺院成为当时社会条件下的文化中心，这种模式一直影响到现代的藏族教育。

学制和课程

藏传佛教寺院中的学制，由于所设的学院不同，其课程设置也有所不同。试以《拉卜楞寺概况》所述拉卜楞寺六大札仓为例予以说明。

1. 闻思学院：主要修习三藏、三学，以因明、般若、中观、俱舍、律学五部大论为主要课程，分十三个学级。

（1）因明部：学习的主要著作有：法称大师著《释量论》；宗喀巴、贾曹杰、克珠杰等撰《因明论》《因明大疏》；色仓阿旺扎西著《集类论》等。第一年：辨红白下。第二年：辨红白上。第三年：集类中品。第四年：集类上品。第五年：《因明论》。背诵《入中观论》《现观庄严论》。

（2）般若部：学习的主要著作有：弥勒著《现观庄严论根本颂》；宗喀巴著《金珠善说论》等；贾曹杰著《现观庄严名义释广解》；一世嘉木样著《现观庄严论大疏》等。第一年：论新下。第二年：论新上。第三年：第一品至第三品。第四年：第二品至第八品。

（3）中观部：学习的主要著作有：龙树著《中观论颂》；月称著《中观明句论》；佛护著《中观佛护释》；宗喀巴著《入中论广释》《入中论摄义》；贾曹杰著《中观广论摄义》；一世嘉木样著《中论大疏》等。第一年：中观新论。第二年：中观旧论。

（4）俱舍部：学习的主要著作有：世亲著《俱舍颂》《俱舍自解》；宗喀巴著《俱舍论》；一世嘉木样著《俱舍大疏》《教灯俱舍摄义》等。第一年：《俱舍论》初四品。第二年：《俱舍论》后四品。第三、四年：总复习。

（5）律学部：学习的主要著作有：功德光著《戒律本有》；宗喀巴、贾曹杰、克珠杰著《菩萨戒品释》《比丘戒释》；一世嘉木样著《律部大疏》等。此部无修业期，以修行持戒为主。遵照大乘之《饶益有情戒》和小乘《别解脱戒》，以及《摄善法戒》进行修习等。

2. 续部下院（密宗学院）：续部下院的学生来自闻思学院，分初、中、高三级，因该院学生各人用功及觉悟程度不同，因而无规定的修习年限。主要课程有：初级：背诵《怖畏九首金刚经》《六臂护法经》《法王护法经》《集密经》《大自在经》等。修习生起次第。中级：背诵《集密自入经》《大自在自入经》《烧坛经》等。学会用彩色细砂制造坛城。高级：依据《生起与圆满次第经》所规定的程序修行。

3. 时轮学院：分三个学级，年限不定。主要课程有：初级：主要学习《妙吉祥名称经》《无上供养经》，诸佛赞、怖畏金刚、六臂、法王、骡子天王、财宝五大护法的《满足心愿经》《普济经简释》。中级：学习、背诵《时轮金刚经》《现证菩提经》。学会用彩色细砂制造时轮金刚坛城、普济佛坛城、证菩提佛坛城。高级：学习声明、诗词、天文历算、梵文、藏文书法，研修时轮金刚和怖畏九首金刚的生起圆满之道，并进行灌顶、禅坐等实修。

4. 医药学院：分初、中、高三级，主要课程有：初级：背诵《皈依经》《绿度母经》《观音心经》等。中级：背诵《释续》《药王经》《马王白莲经》等。高级：研修《四部医典》《菩提道次第广论》等。

▲

《四部医典》书影

5. 喜金刚学院：分初、中、高三级，年限不定。主要课程有：初级：背诵《无上供养经》《妙吉祥名称经》《大威德经》和五大护法的《满愿经》（此与时轮学院初级课程基本相同）、《喜金刚迎请、加持、自入、烧坛、祝愿、回向经》等。中级：主修汉历天文历算、藏文文法、书法和练习跳法舞。高级：守持三律，授受灌顶，禅坐静修。

6. 续部上学院：分初、中、高三学级，年限不定。主要课程有：初级：背诵《妙吉祥名称经》《怖畏九首金刚经》《六臂护法经》《骡子天王护法经》《北方财宝护法经》《集密金刚经》《大自在金刚经》等。中级：背诵《开光经》及佛赞50卷。掌握有关坛城的绘制技术。高级：修习生起圆满次第之道。

从以上六大学院的学制和课程设置我们可以看出：第一，除了闻思学院以外的五个学院，具有专科学院性质。除医药学院外，基本属于密宗学院系统。第二，闻思学院是学习佛学理论的根本学院，课程设置与时间要求比较严格。这些课程的训练可说周密而齐全，从智慧的开发到一般的修行、方法，核心的理论系统均能掌握，接受了较完整的佛学思想，再加以戒律的约束，一个完整的“显宗”系统的人物便造就了。

值得一提的是，过去许多人都说藏传佛教是大乘佛教，甚至说藏传佛教是鄙视小乘佛教的。此说不甚准确，因为“五部大论”之一《俱舍论》就是属于小乘系统的典籍，另外，一些戒律也属于小乘系统。

学习方法

藏传佛教寺院教育的学习方法，有两个突出特点：

其一为“背”。背诵的好处是无人能否认的。

从拉卜楞寺的十三学级的修习情况可知，一名僧人在近20年的学习中，几乎是在背诵这些经文中度过的。像“五部大论”，全要背会，烂熟于心。

这种方法也表现在升级考试上，因明部学生在升到第五学级时，必须背会《入中观论》《现观庄严论》。续部下院由初级升入

萨迦寺喇嘛辩经

拉卜楞寺大法会

中级时，必须背会《大自在自入经》《怖畏九首金刚自入经》《集密自入经》三经之一。升入高级时必须背会《四注合解经》。时轮学院在升入中级时，要背会《妙吉祥名称经》等规定课程；升入高级时须背会《时轮金刚经》。像医药学院、喜金刚学院、续部上学院在升级时要背会相应的课程，实际上这是将背诵引用到考试中的一种做法。

其二是“辩”。一个僧人的学习过程既是一段背书的历史，也是一段辩论的历史。所谓辩经，形式多样。归结起来，大体有两种：一是立宗辩，先由辩论的一方立一宗，就此进行辩论。立宗的一方只回答问题，不对对方的观点进行反问和借题发挥。一是对辩，辩论二人先由一方提问，一方回答；再由另一方提问，一方回答。这种以辩论作为学习（考试）的主要方式，对人的语言表达能力、演说能力、思维敏捷能力和逻辑性、心理承受能力，以及对所学课程的熟练程度和融会贯通能力，既是一种全面的检查，又是一种自然的锻炼。

学位

在寺院教育中，各个层次的学生基本上有区别，并冠以相应名称，有些先生在著文时也将此作为学位，当然作为称号是存在的，假如与现在学位的概念相提并论，或许“低”了一些。比如：因明部中第一至四年学习者称“都扎哇”，意集类论士。般若部修习者称“帕新巴”，意般若论士。中观部修习者称“翁玛巴”，意中观论士。俱舍部修习者称“造巴哇”，意俱舍论士。律学部修习者称“噶仁巴”，意经硕士。这些称呼大概与现今小学生、中学生、中专生、大专生、本科生等相类似。

据有关资料介绍，民主改革前西藏自治区境内有寺院2 676座，甘、青两省有1 091座（甘肃369座，青海722座），四川阿坝有319座、甘孜州有263座，总计4 349座寺院。寺院不但是培养人才的地方，同时也是学术研究机构，推动藏族学术的向前发展。当然这一学术研究始终是以宗教研究为重心的。

其他教育

除寺院教育而外，尚有官办学堂。1751年，七世达赖喇嘛创办俗官学校，称“仔康劳扎”。“仔康”是噶厦政府的一级组织，是管理计政和俗官委派、调遣、训练等的机关。“仔康劳扎”实际是“孜康”下属学校，该校的毕业生一般充任西藏地方的俗官，常年在校生20人左右，课程有书法、算学、文法、正字、文牍等，一般学习五年左右结业。

“孜劳扎”是僧官学校，于1754年在布达拉宫创办，由噶厦政府“译仓”领导，常年在校生40人左右。学生经过5~15年的学习结业后，可充任地方的僧职官员。在日喀则也有一所创建于1781年的僧官学校，由班禅堪布会议厅直接领导，后停办。

知识链接 **译仓** 即秘书处，不但接受噶厦领导，管理一切僧官的任命、调遣，也办理达赖或摄政的文书业务，如达赖喇嘛的印就由“译仓”保管，直接接受达赖喇嘛的领导。

拉萨的“曼孜康”“药王山日齐卓翩林”，日喀则的“吉吉纳嘎”是旧时西藏所办的三所医科专门学校。学制在5~15年，课程有藏文文法、藏医藏药学、天文历算等。数年招生一次，每次几十人，学生来自寺院、藏军官兵和百姓子弟。学生毕业后，有的回到军队当医生，有的则在民间行医。这些学校由于受经费、校舍、师资、生源等具体办学条件限制，培养学生的数量十分有限。

现代教育与藏学研究机构

藏区现代教育起步于新中国成立之后。在党的民族政策和教育方针指导下，藏区创办了由小学到大学完整的教育体系，并在全国范围内建立了藏学研究机构。

现代教育概况

新中国成立以来，尤其是民主改革之后，国家投入大量资金发展藏区的教育事业，西藏在全国率先实现了城乡免费义务教育，在农牧区实行以寄宿制为主的中小学办学模式，并对义务教育阶段的农牧民子女实行包吃、包住、包学习费用的“三包”政策。2008年，西藏地区已全部实现普及六年义务教育和基本扫除文盲。据统计，西藏现有小学884所、普通中学117所、教学点1 237个。西藏有本专科院校6所，中等

牧区课堂

拉萨中学

牧区小学的课外活动

专（职）业学校10所，全国先后有20个省、直辖市的28所学校开办内地西藏班（校），有53所内地重点高中、九十多所高等学校招收西藏班学生，为西藏培养输送了1.8万余名各级各类建设人才。青海、四川、甘肃、云南等藏族自治州（县）也相应普及了九年义务教育，创建了各类专科学校。

高等院校与藏学研究机构

中央民族大学藏学研究院　中央民族大学藏学研究院的前身——中央民族学院藏语文教研室由我国藏学奠基人、已故著名藏学家于道泉教授于1951年创办。1952年中央民族学院建立了少数民族语文系，藏语文专业成为第一教研室，开始招收本科生，学制为四年、五年。从1960年开始，教研室开办研究生班，为国家培养了一大批藏学高级专门人才，其中的很多人现已成为国内外知名的藏学家和高级领导干部，他们为祖国的稳定、统一、发展、建设做出了突出贡献。

《中国西藏地方藏文历史资料选辑》书影

1981年，中央民族大学藏学研究所成立，是全国首家藏学研究所，用汉、藏两种文字撰写了一大批具有开创性、高质量和填补空白的学术论著，如《历辈达赖和班禅年谱》《西藏地方是中国不可分割的一部分》《中国西藏地方藏文历史资料选辑》《藏族文学史》等。

2000年6月，中央民族大学在原藏学系和藏学研究所的基础上成立了藏学研究院，下设藏学系和藏学研究所。藏学研究院现已形成了丰厚的人文资源和强劲的学科优势，其藏学研究整体水平在全国居于领先位置，对全国的藏学教学与研究产生了重大的辐射作用，奠定了中国藏学的现代学术规范。

西北民族大学藏语言文化学院 西北民族大学坐落于古城西安，其藏语言文学专业是该校最早设置的特色专业之一，1993年分建藏语言文学系，2003年改建为藏语言文化学院。学院现有博士、硕士和本科三个办学层次。本科设有中国少数民族（藏）语言文学、中国少数民族（藏）语言文学（师范）、中国少数民族语言文学（藏语言）、汉语言（藏汉翻译）等四个专业；硕士研究生设有藏族文学研究、藏汉翻译研究、古藏文文献研究、语言学研究、藏族民间文学与民俗文化研究、藏族历史研究、古藏文文献因明学研究、古藏文文字研究等研究方向；博士研究生设有藏族文学与藏传佛教文化研究、古藏文文献和敦煌藏文文献研究两个研究方向。该院建有院所合一的研究所——西北藏学研究所。完成的著作主要有《诗学通论》《爱心中爆发的智慧》《藏汉佛学词典》《中国藏传佛教》等。

西北民族大学

西南民族大学

西南民族大学藏学学院 西南民族大学位于“天府之国”四川成都，藏学学院创建于1952年。现已发展成为以全日制本科为主，兼有专科、硕士研究生、留学生、成人教育、短期培训、联合办学等多形式开放性办学的学院。该院设有藏语言文学、藏学、藏汉双语行政管理、藏汉双语计算机信息处理、藏英汉三语旅游专业，并有藏汉双语教学中心和藏汉翻译中心。

青海民族大学藏学院 青海民族大学位于青海省西宁市。藏学院于1956年开设本科教育，现已形成集大专、本科、研究生教育为一体的高等教育体系。其本科教育设有藏语言文学、汉藏翻译、政史地师范教育、藏英、双语计算机、文秘等专业。研究生教育设有藏语言文学、宗教学、逻辑学、历史文献学四个硕士点，涵盖藏族古典文学、汉藏翻译、语言学、藏族现当代文学、藏族民间文学、格萨尔研究、因明与形式逻辑、藏传佛教经典、藏传佛教发展史、藏传因明发展史、藏族文献整理与研究、古藏文文献研究等12个研究方向。学院的学术成果有《藏族历代文学作品选注》《〈格萨尔〉精选本》《藏族诗歌美学》等专著40余部；多人次受邀参加在美国、法国、英国、荷兰等地召开的国际藏学研讨会和《格萨尔》国际

青海民族大学

学术研讨会，加强了国际学术交流。

西藏大学 西藏大学是西藏规模最大的综合性大学，是西藏地区唯一国家“211工程”重点综合性大学。

学校办学历史可追溯到1951年的藏文干部训练班，历经西藏军区干部学校、西藏地方干部学校、西藏行政干部学校、西藏师范学校（1965年成立）、西藏师范学院（1975年成立）等发展阶段。1985年7月，西藏大学成立。1999年以来，西藏自治区艺术学校、西藏医学高等专科学校和西藏民族学院医疗系、西藏自治区财经学校先后并入西藏大学。2001年9月，西藏农牧学院与西藏大学合并，校名仍为西藏大学。

学校在拉萨（校本部）和林芝两地办学。学校设有14个学院（部），本科专业47个，30个硕士学位授权二级学科，7个硕士学位授权一级学科，12个博士学位授权二级学科，3个博士学位授权一级学科。2011年，藏语言文学学科被评为国家级重点学科。

西藏大学

西藏民族学院校园

西藏民族学院 西藏民族学院位于古都咸阳，是西藏和平解放后党中央在祖国内地为西藏创办的第一所高等学校。其前身是1958年创建的西藏公学。1965年更名为西藏民族学院。

学院现有民族研究院等12个二级学院，民族学等4个硕士一级学科，27个硕士二级学科，45个本科专业，涵盖文、史、哲、经、管、法、医、理、工、教育、艺术等11个学科门类。学院毕业生走出了30多名省部级领导干部，赢得了“西藏干部摇篮”的美誉。

中国藏学研究中心

《中国藏学年鉴》书影

中国藏学研究中心 中国藏学研究中心是综合性的藏学学术机构，1986年成立于北京。中心以研究藏族文化和西藏自治区与甘肃、青海、四川、云南四省藏区的历史、现状和未来的发展为己任，致力于保护与发展藏族文化，联系国内藏学机构学者，推动学术交流合作，繁荣藏学事业。

中心主办全国藏学讨论会、藏学珠峰论坛和中国藏学珠峰奖评选、藏学工作协调会等活动，编辑出版《中国藏学年鉴》和《中国藏学》杂志，开办中国藏学网。下设的主要业务部门有：社会经济研究所、历史研究所、宗教研究所、当代研究所、藏医药研究所、图书资料馆、中国藏学出版社以及北京藏医院等。

西藏自治区社会科学院 1985年8月正式成立于西藏自治区拉萨市。下设机构11个，其中有办公室、政工人事处、科研管理处3个直属机构，民族研究所、宗教研究所、农村经济研究所、当代西藏研究所、经济战略研究所5个研究所和藏文古籍出版社、《西藏研究》编辑部和文献信息管理处（即图书馆）3个业务部门。

西藏社会科学院

学院以探索西藏的政治、经济、文化的历史发展规律和回答西藏经济建设中的现实问题为根本方向，把解决西藏改革开放和稳定中的重大理论问题和实践问题作为主要研究任务，从而为自治区党政领导工作决策提供咨询和参考。

四川大学中国藏学研究所 是在教育部批准设立的全国高校“历史学科人才培养和科学研究基地”的基础上，于1999年通过对原四川大学“西藏考古与历史文化研究中心”进行重新改组而新建的重点科研机构。并于2000年12月通过教育部专家组的评估考查，获准进入第二批教育部普通高等学校百所重点人文社科研究基地，由国家教育部主持授牌正式成立。

四川大学中国藏学研究所拥有一支综合研究能力强、梯队层次健全、对外交流关系广泛、学科专业涵盖面广的研究队伍。研究领域涉及藏族史、藏汉关系史、藏区经济史、藏区可持续发展、藏区考古与文物、藏族文化艺术、藏传佛教史、藏族传统文化、中国藏区与南亚中亚关系、国内外藏学史、藏区社会经济现状、西南民族关系史、吐蕃史等诸多领域。主要研究成果有《藏族文明研究系列：藏族族源与藏东古文明》《西藏艺术研究系列：西藏原始艺术》等。

《藏族族源与藏东古文明》书影

《西藏原始艺术》书影

云南民族大学 是云南省唯一一所具备藏语言文学本科专业的高等院校，该校于2013年4月15日成立藏学研究中心，围绕藏区的政治、经济、社会、文化和生态文明建设等重大问题开展研究，发挥藏学人才培养和学术创新的作用，更好地为民族团结进步示范区建设和藏区的稳定、发展服务。

云南民族大学

充满智慧的天文历算

民间历算

观察禽鸟和植物的是珞门法，
观察雪和冰的是僜巴法，
观察星和风的是藏北法，
观察日和月的是岗卓法。

这四句谚语反映的是西藏自治区南部的珞隅、门隅地区的观察禽鸟和植物以识天象的做法；昌都察隅地区观察雪和冰以知物候的做法，这种做法大约至少在吐蕃时代早期就有了。可以说早期苯教文化统治时期的藏族历算已成系统的做法，兹举一二：

1. 据载，早期的藏族在记数时首先用白石画在黑石上，后改为以石串记录，以后又在木头上刻横格代表日子。这便是早期算学的萌芽。

2. 把一根草枝插在大拇指背面第一条横纹上，作为观测日影的仪器，决定劳动和吃饭的时间，这种做法流传甚广，现在一些偏僻地区仍在沿用这一简便方法。

3. 用水测时间的方法。其做法是，先是在石罐，后在陶罐和铜罐的罐底开一极小的孔，以便滴水，水装入罐中，自然渗入小

察隅秋色

布达拉宫夏景

孔中滴出，再将一刻有十二格子的尺子放入罐中，观测罐内水位的深浅，以确定时间。

“纺线老女人之月算” 在藏人的发祥地西藏山南雅隆地区产生了“纺线老女人之月算”，在《亚桑的故事》中有明确叙述：

星月推算的传统，知者学识握吾手，
你们能有此学问？为此好汉聚商议，
奏上雅拉香波神，纺线老人请往前！
第二周的初一日，上弦半月半夜亮，
第三周的初一日，满月彻夜月光明。
第四周的初一日，称作空天无月夜。

可知从一月起，第二周的头一天，即初八，月亮到正半月落山；第三周的头一天，即十五日，满月彻夜光亮；第四周的头一天，即二十二日，下弦月半夜时升空；第五周的头一天，即三十日，天空见不到月亮。当月可以看见月亮盈亏的现象。

如此三合按顺次，第一称谓暖风起，第二长叶雨水降，第三称谓果实熟，第四称谓寒风起。每三个月为一个季节：第一个为春季，以暖风为特征；第二个为夏季，以树叶茂密，多雨为特征；第三个为秋季，以果实成熟为特征；第四个为冬季，以寒风为特征。

纺线老女人的月算的初法是用一种白石头在黑色方石上画30个条痕，当划第一条痕时，看不到月亮，划第二个条痕时见到月亮，则说明前半个月要差一天，这个月称为“快月”（只有14天）；划第三个条痕的那天见到月亮，即民间所谓：“三日月亮众看到，八月十五无差余。”

以月亮为主的时间计算仍有许多不足之处，在西藏藏历元月二十二日雅拉香波的桃花开，在西藏的季节为春中，四月二十二日为夏中，七月二十二日为秋中，十月二十二日为冬中，仅以月算不符合日算和四季的时间，藏历元月恰在风雪弥漫的冬季，雅拉香波山一带的桃花未开，不能按期安排生产，由此人们逐步认识到自然界变化主因是太阳位置的南北移动，从而得出“年的成长主要靠太阳，月的成长主要靠月亮，日的成长主要靠昼夜”的结论，并把一年分为夏至、冬至、秋分、春分，以月的推算把每月分为上弦、望月、下弦、朔月（30日），以昼夜为一天，以30天为一个月，以12个月为一年，一年为360天。并且提出了每三年一闰月的观点。

藏历纪年

由于受不同民族历法之影响，藏族的纪年形式也多次更易。

赞普年号纪年　该纪年见于《唐蕃会盟碑》和新旧唐书中。“彝泰”（意为长乐）是赞普赤祖德赞年号，有彝泰七年、彝泰八年、彝泰九年之记载。彝泰七年为821年，唐长庆元年，向前推论，彝泰元年则为815年。但赤祖德赞以前的赞普均未发现使用年号之现象，此后达玛吾都赞任赞普，吐蕃王朝崩溃，年号也随着消失了。

属相纪年　敦煌文献涉及的历史纪年中，有使用以鼠、牛、虎、兔、龙、蛇、马、羊、猴、鸡、狗、猪12属相为纪年的记载，这与藏族接受汉文化不无关系。藏族接受汉族历算文化的影响，大约起于7世纪。史载，文成公主进藏时曾带去《博唐八十数理》《五行珍宝包罗》《密意根本之精》《珍宝之堆》《主干综述》等天文星算经典。文成公主曾以这些经论推演吐蕃星历，并组织力量对这些文献进行了翻译。

阴阳、五行、属相纪年　汉历在藏地流传中也被改造，阴阳、五行、属相纪年便是如此。五行配以阴阳，则为阴阳五行纪年，即阳木、阴木、阳火、阴火……阴水，合为十项，似汉地之天干。阳木年、阴木年再配以12属相形成三合一，即为阳木鼠年、阴水牛年、阳火虎年、阴火兔年等，循环而行，60年为一周期。

火、空、海纪年 “火”在藏文中示“3”，代表佛教南赡部洲马面山之火、太阳所生之火、能毁灭的火；“空”示“0”，有空无之意；“海”示“4”，代表青、白、黄、红四色。火、空、海即代表403年。取《时轮经》从香巴拉第10代法王海胜即位、拉洛法创立，到第11代法王难胜传法最后一年，中间403年，其纪元算法是使用胜生周之1027年减去403年，即 624年。它是使用胜生周以前的一种藏历纪年。

藏历——“绕迥”纪年 绕迥，汉译为胜生周，是藏族使用时间较长，现在仍然运用的普及性藏历。按其性质，汉译中也多见“时轮历”或“藏传时轮历”。

“绕迥”纪年与《时轮经》有着紧密关系。传说《时轮经》为佛祖释迦牟尼所传，共12 000颂，分5章，第1章讲外时轮（天体运动的规律），第2章讲内时轮，第3章至第5章讲内时轮和外时轮结合。1027年，《时轮经》译为藏文，藏族从该年起使用此纪年，以60年为一周期。12年为一小循环。

《时轮历》在藏区的传播，不但形成了星算文化的一套系统，其宇宙观念也自然进入藏文化。

佛历（教理） 佛历是根据佛灭和佛诞来进行纪年的。一般认为佛祖在圆寂时留下遗言，其教法将存在五千年（当然也有一些别的说法），五千年后其佛法就不存在了。于是佛历便记载了在佛灭后产生的一系列事件，以及重要的佛学著作、寺院等。佛历计算在藏汉史书，尤其是佛教典籍中是个常见的现象，但由于佛灭的年代说法很多，据有关书籍介绍有六十多种，在藏区使用的亦有14种，若不仔细判定，阅读时就容易出现混乱。

世界文化遗产——藏医藏药

藏医藏药历史悠久，源远流长，是藏族灿烂文化的重要组成部分，也是中华民族传统医学宝库中的一朵奇葩。它以其独有的药物资源和显著的疗效，不仅在历史上为本民族和周边民族的健康、繁衍做出巨大贡献，而且至今仍是广大人民群众防病治病的

青海省藏医院

有效手段和方法之一。

随着崇尚传统、“回归自然”潮流的兴起，藏医药作为民族瑰宝得到了国内外医学界的重视，焕发出了新的活力，成为走出藏区，走向世界的真正意义上的“绿色医药”。

藏医的发展历程

据有关史料记载，至少在公元前几个世纪，藏族人民就已认识到某些动物、植物、矿物的医疗作用，认为“有毒就有药”。后有了酥油止血、青稞酒糟治疗疮伤的知识。在漫长的与疾病斗争的历史中，藏族人民积累了许多简单的医疗经验。

藏医系统的形成与接受外来医学有直接关系，关于外来医学最早传播藏地的时间有两种说法：一是在吐蕃第27代王拉脱脱日年赞时，有两位印度医生到西藏给百姓传授医疗知识；一是此后四代，仲年岱乌之子时，请来吐谷浑的医生看病。这些传说也难得到佐证。《吐蕃王统世系明鉴》等史籍记载，641年文成公主进藏时，带去大批书籍，其中就有“医方百种，诊断法五种，医疗器械六种，医学论著四种……”这批书由汉和尚马哈德瓦、达马郭嘎等译成藏文，称《医学大全》，是较

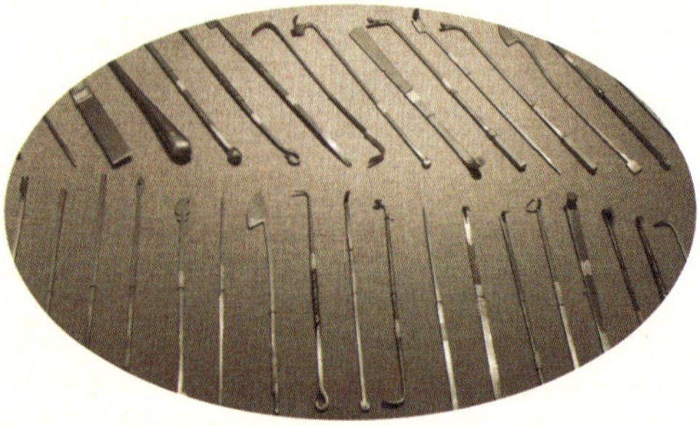

藏医使用的外科手术器械

早的医药书籍。此后又请来天竺名医巴拉达扎、汉地名医韩文海、大食名医嘎林诺，三位名医合著了一部七卷本的综合性医书《门杰吉村恰》，这些人大概是藏族中最早的医士。8世纪初，金城公主进西藏，也带来大批医药人员和书籍，编成藏医名著《月王药诊》，从而奠定了藏医学的理论基础，出现了宇妥·云丹贡布等一批名医，藏医学也逐步走向成熟，形成了自己独特的系统。

11世纪阿底峡入藏后，带来天竺寿命吠陀医学经典，编著《补精壮阳甘露方》《头部伤痛固定治疗》等医书，著名译师仁钦桑布译《八支要义摄》等医学名著，进一步丰富了藏医学。至元朝建立，藏医出现了以强巴郎杰扎桑法王为代表的北方派和以苏嘎·年尼多吉为代表的南方派，代表作有《精简八支药方》《甘露河流》《草药鉴别》《草药性味》《草药生态》等。

五世达赖时期设医僧院，定名为药王山医学利众院。第司·桑吉嘉措撰宏著《四部医典》注释本《蓝琉璃》，主持绘制了80幅藏医唐卡；并发布文告，要求各地和有关寺院选拔、培养藏医人才，为人民解除痛苦。藏医从此走向寺院教育发展之路。

《月王药诊》书影

《蓝琉璃》书影

基本理论

藏医认为，维护人体正常功能的有三大因素（即“龙”“赤巴”“培根”）、七大物质基础（饮食精微、血、肉、脂肪、骨、骨髓、精）和三种排泄物（大便、小便、汗）。三大因素支配着七大物质基础和三种排泄物的生理变化。

时轮坛城——历法与藏医药密切相关

三大因素的“龙”汉译为“风”或“气”，因“龙”所在的部位与功能不同，分为五种。其主要功能是主呼吸、肢体活动、血液循环、五官的感觉、大小便的排泄、帮助分解食物并输送饮食精微等。“赤巴”汉译为“胆”或“火”，与其他身体部位的关系有五种，即有位于胃肠，以助消化的“赤巴”；位于肝脏，主变色的“赤巴”；位于皮肤，润泽皮毛的“赤巴”；位于眼，主视觉的“赤巴”；位于心脏，主思维、欲念等五种。“培根”汉译为“土”和“水”或“涎”，因其所在部位与功能不同分为五种。其主要功能是磨碎食物、增加胃液、使食物易于消化吸收、促进代谢、主持味觉、保持水分、湿润皮肤、调节胖瘦。“龙”“赤巴”“培根”在相对平衡状态下，互相制约，互相依存，一旦失去平衡，便会出现病理状态。

在人体解剖和生理功能方面，藏医认为人有心、肝、脾、肺、肾为五脏和胃、肠、胆、膀胱等为“三姆休”（六腑）。“三姆休”相当于中医的“三焦”，但功能又不尽相同。藏医在五脏六腑、肉和脉络（神经和血管）的解剖理论都有较高的成就，尤其是妇女月经周期和胚胎发育方面为世人所称道。

在诊断方面，藏医注重望、问、触三种诊法，近于中医的望、闻、问、切四诊法。

藏药

稍大一点的寺院都有专门的僧医学院——曼巴札仓。曼巴札仓是专门培养医学人才的学院，尽管规模大小不一，但它对藏医学的发展和藏人的治病防病做出了巨大贡献。

《四部医典·树喻图》

知识链接 **“曼巴”**藏语含义有二：一为医学博士，是对精通医学一切理论和实践的医生所用的美称，主要指医生中对《四部医典》本注总义、分义、补遗、概要，以及远方九医所译、藏地九医所著，诸如《月王药诊》《仙人耳传》等书之本注总义、分义、补遗等，均能透彻了解于心，熟练应用于实践的人。一为医生。

藏医一般用动物、植物、矿物药物。方剂既有单方，也有复方。少则一二味，多达数十味，以散剂或面糊丸为主，汤剂则较少使用。藏医划分药物为热性和凉性两类，除了当地产的高原特产药物外，很多药材与中药通用，如甘草、豆蔻等。还有很多药材直接用中药名称发音，如当归等。

诃子：藏药中使用最广泛的药材

绿松石和珊瑚是众多藏药矿物中的两种

不少国家的研究机构也在从事这方面的探索。据有关资料反映，藏药对恶性肿瘤有一定疗效。如治疗“赤巴”型黄疸用藏茵陈、婆棱瓜，治血病用纤毛婆婆纳、藏黄连，治心脏病用肉豆蔻，治肝病用五灵脂、草红花，治胃肠炎用矮莨菪等，都具有很好的效果。在此介绍两种名贵藏药：

七十味珍珠丸。藏药中的名贵药物之一，由珍珠、藏红花、牛黄、玛瑙、珊瑚等70种名贵药制成。主治功能是安神、调血压、补身，主治瘫痪、血压不紊、癫痫、脑震荡等。尤其是偏瘫之初服用此药，恢复率均比其他药物高出几倍。此药销往许多国家，长期供不应求。

在西藏一些边远牧区对此药十分崇拜，奉若仙丹。有的牧民终年将其带在身上，有的甚至如同项链挂于颈上，视为灵验之物，可以避邪佑人。若遇到紧急疾病，取而食之。

仁青常觉。藏药中的名贵药物之一，由佐塔、藏红花、牛黄、熊胆等几十种药制成，功能主治：平衡“龙”“赤巴”“培根”等人体固有的“三大因素”，用于头部、上下腹以及四肢疮症、胃溃疡、陈旧性病症、各类中毒症、慢性热症、急腹症，对瘟疫、内脏化脓、出血症等都有良好的效果。无病者还可以将其当作强身壮体的滋补药，预防疾病。

第八章
民族区域自治

新中国成立后，在西藏和甘肃、青海、四川、云南四省藏区设立自治区、自治州、自治县等多层次的民族区域自治地方，使广大藏族人民彻底摆脱了受剥削、受压迫的封建农奴制度。他们充分行使人民当家做主的自治权利，以主人翁的姿态投入藏区社会主义各项事业的建设之中，取得了举世瞩目的历史性成就。

“歌舞的海洋”
——西藏自治区

西藏自治区，首府拉萨，位于中国青藏高原西南部。它北邻新疆维吾尔自治区，东连四川省，东北紧靠青海省，东南连接云南省，南与缅甸、印度、不丹、尼泊尔等国家毗邻，西与克什米尔地区接壤，是中国西南边陲的重要门户。全区面积120.223万平方公里，平均海拔在4 000米以上，素有“世界屋脊”之称。

中华人民共和国成立，结束了中国半殖民地、半封建社会的黑暗历史，实现了国家统一、民族团结和人民民主，为西藏人民在祖国大家庭中掌握自己的命运带来了希望。《中国人民政治协商会议共同纲领》的通过和《中华人民共和国宪法》的颁发标志着中央人民政府从西藏人民的根本利益出发，通过实现西藏和平解放、推动民主改革、建立自治区、进行社会主义建设和改革开

3月8日西藏百万农奴解放纪念日

放等重大战略决策措施，深刻地改变了西藏的命运，实现和发展了西藏人民当家做主的权利。

1951年5月23日，《中央人民政府和西藏地方政府关于和平解放西藏办法的协议》（简称“十七条协议”）签订，西藏实现和平解放。1954年11月，西藏自治区筹备委员会筹备小组成立。1956年4月，西藏自治区筹备委员会在拉萨成立，第十四世达赖担任筹委会主任委员，第十世班禅担任第一副主任委员，阿沛·阿旺晋美任秘书长。1965年9月，西藏自治区第一届人民代表大会第一次会议召开，选举产生了西藏自治区自治机关及其领导人，宣告了西藏自治区的正式成立，阿沛·阿旺晋美当选为自治区人民委员会主席。西藏自治区的成立标志着西藏建立了人民民主政权，开始全面实行民族区域自治制度，西藏人民从此享有了自主管理本地区事务的权利，与全国人民一道走上社会主义的发展道路。1984年，中央政府通过实施《中华人民共和国民族区域自治法》，将民族区域自治制度确立为国家的一项基本政治制度，为西藏人民充分行使自治权利提供了有力的法律保障。中央政府根据西藏自治区的实际，至2001年先后召开了四次西藏工作座谈会，做出了中央政府关心西藏、全国各地支援西藏的重大决策，形成了国家直接投资西藏建设项目、中央政府实行财政补贴、全国进行对口支援的全方位支持西藏现代化建设的格局，有

西藏人大代表

知识链接 **布达拉宫** 坐落在海拔3 650米的西藏自治区拉萨市中心的红山上，因其建造的悠久历史，特有的民族建筑审美特征，以及对藏族社会历史、文化、宗教所具有的特殊价值，而成为举世闻名的名胜古迹。

据史书记载：松赞干布迁都拉萨时建布达拉宫为王宫。初修时整个宫堡规模宏大，外有三道城墙，内有千座宫室，成为吐蕃王朝统一的政治中心，地位十分显赫。9世纪，随着吐蕃王朝的解体，布达拉宫遭冷落。

此后的八百余年中，西藏政治中心不断变移，历代的萨迦、帕竹、噶玛巴政权都未曾设首府于拉萨，布达拉宫也一直未能重建，仅为拉萨大昭寺隶属的一处宗教活动场所。1642年，五世达赖喇嘛建立了甘丹颇章政教合一地方政权，拉萨再度成为西藏政治、宗教、文化、经济的中心首府城。1645年，五世达赖喇嘛决定重建布达拉宫。1648年，以白宫为主体的建筑群基本建成，达赖喇嘛将行政办公地由哲蚌寺移至布达拉宫白宫。从此布达拉宫成为历代达赖喇嘛居住和进行宗教活动和处理行政事务的重要场所。1690—1694年红宫扩建，修建了以五世达赖喇嘛灵塔殿为主的红宫建筑群，基本形成布达拉宫的建筑规模。十三世达赖喇嘛在位期间，又在白宫东侧顶层增建了东日光殿和布达拉宫山脚下的部分附属建筑。1933年十三世达赖喇嘛圆寂，灵塔殿建于红宫西侧，并与红宫结成统一整体。至此，布达拉宫重建和增扩工程全部完成。

经过一千三百多年的历史，布达拉宫形成了占地面积40万平方米，建筑面积13万平方米，主楼红宫高达115.703米，具有宫殿、灵塔殿、大殿、佛殿、经堂、重要职能机构办公处、僧官学校、宿舍、庭院、回廊等诸多功能的巨型宫堡。宫内珍藏8座达赖喇嘛金质灵塔，5座精美绝伦的立体坛城以及瓷器、金银铜器、佛像、佛塔、唐卡、服饰等各类文物约7万余件，典籍6万余函卷（部），成为名副其实的文物瑰宝，受到世界各国人民的关注，被誉为“世界屋脊的明珠”。

布达拉宫远景

力地推动了西藏的经济发展和社会进步，极大地提高了西藏人民的生活水平，保证了西藏人民平等和自治权利的实现。

进入21世纪，美丽的新西藏迎着高原的第一缕阳光，像晶莹的宝石，镶嵌在祖国的西南边陲，散发着夺目耀眼的光芒。

“三江之源”
——玉树藏族自治州

玉树藏族自治州，位于青海省西南青藏高原腹地的三江源头，平均海拔在4 200米以上。玉树，藏语意为“遗址”。全州总面积26.7万平方公里（包括海西州代管的唐古拉山乡6.4万平方公里）。现辖玉树、称多、囊谦、杂多、治多、曲麻莱6县，共10镇，35乡，257个村（牧）委会，总人口为28.31万，其中藏族人口26.98万，占总人口的95.3%。

玉树古为西羌牦牛种地；隋朝前后为苏毗和多弥二国辖

玉树藏族自治州结古镇

区；唐时为吐蕃的孙波如；宋时为黎州属下的囊谦小邦之地；元朝归吐蕃等路宣慰司管辖；明朝囊谦五室的贵族僧侣屡被赐号为功德自在宣抚国师；明末清初玉树各部头人被青海蒙古和硕特部赠爵为台吉；清朝受青海办事大臣直接管辖，为囊谦千户领地，下有百户独立长等部落；民国时期设置玉树、囊谦、称多3县，统由玉树行政督察专员公署管辖，县之下千百户制度因袭如故。

新中国成立以后，青海省人民解放军军政委员会驻玉树特派员办公处成立。1951年12月25日，成立玉树藏族自治区；1955年改为自治州。

玉树藏族自治州是全国30个少数民族自治州中主体民族比例最高、海拔最高、人均占有面积最大、生态位置最重要的一个自治州。长江、黄河、澜沧江三大河流均发源于本地，三江源自然

知识链接

新寨玛尼堆 新寨玛尼堆建于1715年，奠基人为一世嘉那活佛宗求帕文，所以也称为“嘉那玛尼堆”。玛尼堆藏语称“多崩”，意为“十万经石”。据说新寨玛尼石上刻的经文有近200亿字，可以称得上是“世界第一石刻图书馆”。玛尼堆东侧有八座白塔和巨大的转经筒，另外一面几乎全是雕有佛像和经文的玛尼石，雕刻工艺精湛，色彩搭配和谐。

新寨玛尼堆 ▶

文成公主庙 文成公主庙，又称“沙加公主庙”，位于玉树县结古镇东南25公里的贝纳沟，是一座既有唐代艺术风格又有藏式平顶建筑特点的古式建筑。殿堂内的巨型文成公主像和8尊佛像，由石壁雕琢而成，外表酷似泥塑技艺，雕刻精细，造型质朴敦厚。文成公主庙紧贴百丈悬崖，四周所有的悬崖和面积较大的石头上都刻着数不清的藏经。该庙共3层，面积包括院落六百多平方米，通高9.6米。庙中央的文成公主坐像，端坐在狮子莲花座上，身高8米。坐像两旁有8尊石刻佛立像，分立在上下两层，每尊佛像高有3米，精雕细刻，形象生动。

文成公主庙 ▶

保护区和可可西里自然保护区覆盖自治州全境，素有江河之源、名山之宗、牦牛之地、歌舞之乡和中华水塔之美誉。自治州首府结古是历史上唐蕃古道的重镇，也是青海、四川、西藏交界处的民间贸易集散地。

玉树自然资源丰富，是一个以牧为主，农牧兼营的地区。玉树境内有许多具有高原特色的自然人文景观：有名扬藏区的玉树歌舞和神秘的唐蕃古道；有闻名遐迩的文成公主庙和众多教派的藏传佛教寺院；有世界之最的新寨嘉那玛尼石堆和岗察寺殿内高达25米的铜制宗喀巴坐像；有黑颈鹤的故乡隆宝滩国家级自然保护区和比较完整保留原始面貌的可可西里野生动物保护区等。

“海藏通衢”——海南藏族自治州

海南藏族自治州地处青藏高原东北隅，青海省东部，著名的青海湖之南，故名海南，是青藏高原的东门户，素有“海藏通衢”之称。总面积4.6万平方公里。2010年第六次全国人口普查，全州人口为441 689人，汉族人口为109 694人，占24.84%；各少数民族人口为331 995人，占75.16%。其中藏族292 888人，占66.31%。

海南地区远在7 000年前就有人类活动。公元前60年金城郡设河关县，辖今贵德、共和东部地区，受“护羌校尉”节制。4年，西汉政府置西海郡，辖今共和、兴海两县。此后，海南曾数度为吐蕃属地。1271年，元政府设贵德州，辖今贵德、共和部分地区。1375年，明政府在贵德县置归德守御千户所，辖今贵德、贵南、同德及黄南藏族自治州的部分地区，其余地区属答司麻万户府和必里卫管辖。17世纪初至雍正初年，海南属和硕特蒙古。1724年，清政府在今贵德县设钦差总理蒙古番子事务大臣公署，管理今海南州在内的广大牧区。1791年，置贵德厅，设扶番同知，辖今海南及黄南部分地区。

▲

共和县
广场

民国时期，贵德厅经历了改县、成立公署、直属青海省政府领导的行政设置。

1949年9月贵德县、共和县、同德县解放，分别成立贵德县、共和县、同德县人民政府。1950年6月兴海县人民政府成立。1951年11月20日，同德藏族自治区人民政府成立。1952年6月，共和藏族自治区人民政府成立。1952年3月，兴海藏族自治区人民政府成立。1953年3月贵南藏族自治区人民政府成立，同年7月17日改称贵南县人民政府。1953年12月6日海南藏族自治区成立，辖贵德、共和、同德、兴海、贵南5县。1955年7月28日，海南藏族自治区更名为海南藏族自治州。

自治州地域辽阔，山河瑰丽，资源丰富，宝藏荟萃，拥有农牧业资源、水电资源、矿产资源、旅游资源、中藏药材资源。海南藏族自治州是青海省重要的畜牧业基地之一，全州有天然草场353.33万公顷（5 256.78万亩），具有发展畜牧业得天独厚的自然条件。

海南藏族自治州绚丽多彩的民族风情淳朴迷人，绿草如茵、野花灿烂的辽阔草原，牛羊漫山遍野，帐篷星罗棋布。肥美的手抓羊肉、鲜嫩的血肠、醉人的青稞美酒、醇香的酥油奶茶香飘千里草原，以青海湖、赛宗寺、温泉等组成的秀美风光和名胜，盛夏时节吸引着来自四面八方的游客。

知识链接

青海湖 青海湖位于西宁市的西北部，是5A级国家自然景区，我国第一大内陆湖泊、最大的咸水湖。面积4 456平方公里，环湖周长三百六十多公里。青海湖是斑头雁、鱼鸥、鸬鹚等十多种候鸟繁殖生息场所，现已建立鸟岛自然保护区。湖中盛产青海湖裸鲤，滨湖草原为良好的天然牧场。

青海湖

赛宗寺 赛宗寺位于桑当乡赛宗山下。由于赛宗山是僧侣修行的圣地，有很多神奇的佛教故事传说，加之山势险峻，葱茏秀丽，山下河溪清澈，因而成为僧侣建寺事佛的理想之地。该寺佛像、佛经、佛塔等极为丰富，与格鲁派六大寺齐名。曾先后重建了小经堂、弥勒殿、阿绕仓大师佛堂、菩提塔，八大灵塔和百柱大经堂，并兴建了昂欠15院和150多院僧舍，共计1086间。

赛宗寺

热贡艺术之乡
——黄南藏族自治州

黄南藏族自治州位于青海省东南部，地处九曲黄河第一弯。全州总面积1.88万平方公里。总人口21.25万人，有藏、蒙古、汉、回、土、撒拉等15个民族，少数民族占总人口的92.19%，其中藏族占总人口的65.94%。

黄南，元属吐蕃等处宣慰司辖，明为积石州千户和归德守御千户所辖，清属钦差办理青海蒙古番子事务大臣和循化厅管辖，1929年置同仁县。1940年，今同仁、泽库两县的大部分地区，隶属青海省第七督察专员公署；河南地区仍沿袭清代旧制，由蒙古族亲王统辖，尖扎地区属贵德县管辖。

1949年黄南地区解放，9月22日成立同仁县人民政府，1952年3月17日成立同仁藏族自治区（1953年7月改为县）。1953年9月30日，政务院批准设立黄南藏族自治区（地级）。1955年5月22日，自治区改为黄南藏族自治州，辖同仁县、尖扎县、泽库县、河南蒙古族自治县，有28个乡和7个镇。

黄南藏族自治州隆务镇

自治州地势南高北低，南牧北农，农牧兼作。州内群山起伏、森林茂盛、河流绵延，民族宗教、文化历史悠久，民族风情浓郁，人文旅游资源丰富。特别是已有六七百年历史的热贡艺术，在整个青藏地区，甚至在蒙古、尼泊尔、印度等国家有着良好的声誉。

知识链接

同仁与热贡艺术 同仁是国家历史文化名城之一，完整地保存了“勒什则”献祭舞和延续数百年的热贡艺术。同仁，藏语称为“热贡”，在这里的艺术门类被统称为“热贡艺术”。热贡艺术除唐卡以外，堆绣、泥塑、壁画、金银器制作都具有很高制作水平和艺术价值。

“热贡艺术”是藏传佛教艺术的重要组成部分和颇具广泛影响的流派，15世纪，发祥于青海省黄南藏族自治州同仁县境内隆务河流域，这里被誉为“藏族画家之乡”。其作品造型准确生动，工笔精细绝美，色彩艳亮，富于装饰性。其质朴的画风、匀净协调的设色、惟妙惟肖的神态刻画，充分体现了藏族人民勤劳的智慧和灿烂的文化。

《中国藏族文化艺术彩绘大观》 《中国藏族文化艺术彩绘大观》（以下简称《彩绘大观》），由宗者拉杰先生策划、创作设计和组织绘制。《彩绘大观》于1980年着手绘制，1988年撰写文字，1990年开始构图。这幅巨型卷轴画参加艺人达400人，前后耗时4年，工程之浩大可谓史无前例。《彩绘大观》全长618米，宽2.5米，是目前世界上最长的卷轴画，整幅画卷为1 500多平方米，重千余公斤。《彩绘大观》的内容博大精深，包含了藏族的历史、文化、民俗、艺术等诸多内容。1999年8月，《彩绘大观》绘制完成。同年入选“大世界吉尼斯之最”。

“天境祁连　牧区江南”——海北藏族自治州

海北藏族自治州位于青海省东北部，总面积34 068.44平方公里。到2008年底，全州总人口有278 486人。有藏、回、蒙古、土、汉等26个民族，其中藏族67 766人，占总人口的24.3%。

海北州历史悠久，早在三千多年前，这里就有人类活动。在西汉时期，海北为西羌故地。公元4年，西汉政府设置西海郡。

南北朝和隋朝时，今海北藏族自治州为鲜卑族、吐谷浑所据。唐代，海北属吐蕃王朝管辖。宋朝时，为唃厮啰地方政权辖区。元代，归宣政院吐蕃等处宣慰司都元帅府管辖。明末，为蒙古麦力干的游牧地。1724年以前，为厄鲁特蒙古各部游牧地。1725年，亹源设立大通卫，属西宁府辖治。1744年，清政府移大通卫于今大通县城关镇。1761年，改卫为县，亹源为大通县属地。

天然牧场

1917年，海晏属湟源县和都兰理事辖治。1929年，民国政府设置亹源县。1939年，由亹源县析置祁连设治局。1943年，海晏设县。

1949年9月12日，亹源县解放。11月下旬，海北州全境获得解放。1950年10月30日，海晏区行政委员会成立，隶属湟源县。1953年11月23日成立祁连县人民政府。1953年12月31日成立海北藏族自治区，辖亹源、海晏、祁连、刚察4县。1955年5月20日改自治区为自治州至今。

海北藏族自治州是青海省的旅游资源大州，是青藏高原的缩

知识链接 **仙米国家级森林公园** 仙米森林公园是青海省面积最大的林区，覆盖门源县东川、仙米、珠固3个镇，南北宽55公里，东西长95公里，土地总面积14.8万公顷。受祁连山脉影响，仙米森林公园园区地表水和地下水资源都十分丰富，是南部多条黄河水系和北部多条内陆水系河流的发源地。公园植物有100余科900余种。同时野生动物资源类型繁多，主要有雪豹、岩羊、马鹿、白唇鹿等兽类40余种，蓝马鸡、黑颈鹤等鸟类139种，还有林蛙等两栖、爬行类动物15种，淡水裸鲤14种。仙米森林公园古松苍柏，风光迷人。春夏之际，林木疏扶，繁花似锦；秋季，硕果摇金，层林尽染；及至冬季山头白雪皑皑，山坡松柏苍翠挺拔，堪称一块人间胜地。

仙米国家级森林公园

影，多山、多河、多湖泊的自然地理与人文景观，具有原始性、神秘性、多样性、生态性兼容的特点。以青海湖为代表的湖光山色，以祁连山为代表的天然草原，以黑河大峡谷为代表的神秘大峡谷奇观，以年钦夏格日山为代表的山峰奇景，以藏族为代表的民族文化，以西海郡遗址为代表的遗址文化，以百里油菜花海为代表的自然人文景观吸引着中外宾客。

“河源之洲”——果洛藏族自治州

果洛州位于青海省东南部，地处青藏高原腹地的巴颜喀拉山和阿尼玛卿山之间。总面积7.6万平方公里，平均海拔4 200米以上，高寒缺氧，气候恶劣。

果洛，藏语意为“反败为胜的人”。在明清之际出现的“郭罗克松”（意为昂欠本、班玛本、阿什姜本三个部落称“三果洛”）是诸部族繁衍生息的产物，清末称“俄洛”，民国以后称“果洛”，沿用至今。果洛于1952年获得解放，1954年建立自治政权。现辖玛沁、玛多、甘德、达日、班玛、久治6个县、44个乡（镇）、182个牧委会，总人口18.56万人。

州内的资源比较丰富。有大小河流36条，总流程三千多公里，分别入注黄河和长江两大水系。水利资源得天独厚，水能理

果洛广场

拉加寺

红军沟

知识链接

拉加寺 拉加寺位于阿尼群贡山下，坐东向西，面临黄河。拉加寺初名“扎西功德林”，后改名“甘丹扎西炯尼”，又称“嘉样寺”，是著名的格鲁派寺院。该寺由阿柔格西创建，系色拉寺属寺。全寺建筑占地七百余亩，现有大小殿堂5座397间，昂欠8座182间、转经房6间、僧舍124间。该寺历代多出高僧，而且多有著述传世。

红军沟 位于果洛藏族自治州班玛县亚日塘子木达沟口。1936年7月中国工农红军二方面军第六军团近万人长征经过了果洛州班玛县、久治县一带。第六军的“安庆部”曾在吉德寺、班前寺等地驻防整休，筹措粮草，在驻地修筑临时哨所和掩体工事，至今遗迹尚存。班前乡政府旁的一座桥被命名为“红军桥”，扎洛村北、吉德寺大经堂前曾设立的哨所命名为“红军哨所”，红军曾走过的山沟易名为“红军沟”，红军饮用的泉水为“红军泉”，还有红军墓等。当地藏族人民为了表达对红军的怀念，把红军长征走过的子木沟改称“红军沟”，1986年5月27日，被列为省文物保护单位。

年宝玉则 又称果洛山。位于青海省果洛藏族自治州久治县索呼日麻乡境内，主峰海拔5 369米，是巴颜喀拉山的最高峰，2005年被批准为国家地质公园。年宝玉则是著名的神山，到处流传着藏族英雄格萨尔王的故事。这里壮观的冰体与鬼斧神工般陡峭的山岩更使它披上了一层神秘的面纱。

年宝玉则

论蕴藏量达354万千瓦。境内湖泊众多，有较大湖泊20多个，占青海省湖泊总数的37%以上，总面积达1 673.8平方公里。境内有金、银、铜、钴、锌、煤、硫等10余种矿产资源。此外，还有珍贵的白唇鹿、雪豹、冬虫夏草、贝母、大黄、雪莲等众多野生动植物资源。

境内群山起伏，雪峰耸立，有山势雄伟、气势磅礴、光洁如玉的阿尼玛卿峰；有层峦叠嶂、雪岭泛银、神奇壮观的年宝玉则峰。境内有古称柏海神湖的扎陵湖和鄂陵湖以及美丽动听的藏汉联姻历史故事；有拉加、白玉、查郎等名刹古寺和人文景观。更值得一提的是有当年红军长征时在果洛留下了革命的足迹。自治州全境由于特殊的地理位置和自然环境，被列入全国最大的自然环境保护区——“三江源”自然保护区内。

雪莲

白唇鹿

“聚宝盆”
——海西蒙古族藏族自治州

海西蒙古族藏族自治州地处青藏高原北部，青海省西部，南通西藏，北达甘肃，西出新疆，是青甘新藏四省区交往的中心地带，更因扼内地进出西藏之咽喉，战略地位重要。

海西古为西羌地，隋和唐时，先后为吐谷浑和吐蕃政权所控制。明初东蒙古诸部进入，明末为西蒙古和硕特部所统治。作为“丝绸之路”辅道，这里曾是中西文化交流的重要通道。国家重点文化保护单位都兰热水吐蕃古墓群和诺木洪塔里他里哈文化遗址，是海西悠久历史和先民优秀文化的见证，是中华民族文化宝库的重要组成部分。

可可西里国家级自然保护区

全州总面积32.58万平方公里。现辖三县两市三个行政委员会，即德令哈市、格尔木市、都兰县、乌兰县、天峻县、大柴旦行政委员会、冷湖行政委员会、茫崖行政委员会。总人口36.91万人，有汉、蒙古、藏、回、土、撒拉等29个民族；其中蒙古族、藏族为主体民族，人口分别是2.47万和4.11万人，分别占总人口的6.7%和11.1%。

德令哈市中心广场

海西州域主体为中国四大盆地之一的柴达木盆地，北靠阿尔金山、祁连山，南依昆仑山。柴达木盆地素有“聚宝盆”的美称。矿藏具有储量大、品位高、类型全、分布集中、资源组合好等特点。全州共有草原1.67亿亩，其中可利用草场1.06亿亩。绿

知识链接

雅丹地貌 柴达木盆地西部的南八仙和牛鼻子梁一带，有历经千百年风蚀而形成的雅丹地貌。它由各种奇形怪状的泥岩组成，有的为20~30米高的小峰；有的像巨神屹立直插云霄；有的像蘑菇破土而出；有的像美丽的芭蕾舞姿。其形态奇异壮观，令人有置身另一世界之感，所以人们又称此为“魔鬼城”。夏季来此一游，时常能见到“瀚海蜃楼”景观，那风尘车马、广厦玉宇，更令人感到扑朔迷离。它为海西西部地区最有魅力的旅游景点。

雅丹地貌

褡裢湖——可鲁克湖、托素湖 位于德令哈市西南30公里处，可鲁克湖与托素湖一淡一咸水域相通，人称“褡裢湖”。褡裢湖之一的淡水湖其水清澈，里面有鱼，湖边牧草茂盛，牛羊成群，景色十分美丽。褡裢湖的另一头是咸水湖。在湖畔，有一座猴山，像全神贯注地守护着此湖的卫士。

可鲁克湖

洲农业耕地72万亩，盛产小麦、油菜和优质牛羊肉等农畜产品。柴达木枸杞、山羊绒享誉海内外。

“世界屋脊”和深居内陆的地理环境造就了海西独具特色的自然风光和人文景观。长江源头、雅丹地貌、茫茫戈壁、海市蜃楼、千年冰川、万丈盐桥、道教圣地昆仑山、西王母瑶池、二郎神洞、可可西里自然保护区、唐代吐蕃墓葬群、都兰国际狩猎场等闻名遐迩，引起世人越来越多的关注与向往。

“藏族文化宝库”——甘孜藏族自治州

甘孜藏族自治州位于四川省西部，青藏高原东南缘。总面积15.3万平方公里。2011年年底，全州人口108.81万人，其中藏族89.1万人，占81.9%。自治州辖康定、泸定、丹巴、九龙、雅江、道孚、炉霍、甘孜、新龙、德格、白玉、石渠、色达、理塘、巴塘、乡城、稻城、得荣18个县，325个乡（镇），2 679个行政村。州府驻康定县。

早在汉武帝时，康东即与中央政权发生联系，隋时，吐蕃势力扩展到金沙江以东地区，当时各部落纷纷求庇于内地。唐

甘孜藏族自治州鸟瞰

代，介于中央政权和吐蕃之间的部落，有许多内附中央，因此设羁縻州。宋代继之。元朝在州内推行土司制。明清两代沿用元制。

1906年7月开始，赵尔丰强力实行“改土归流”政策，将土司概行废除，设置道、府、州、厅、县政权组织，由清王朝派遣流官直接进行统治。旋因辛亥革命爆发，清政府被推翻，甘孜州各地土司纷纷自行恢复。以后变乱迭起，1927年，刘文辉接管建西康特别行政区。1939年，设西康省，省会康定。

1935—1936年间，中国工农红军长征途经甘孜州，全州15个县的山山水水，留下了英雄们的足迹，播下了革命火种。1949年12月9日，刘文辉通电起义，宣布西康和平解放。解放军于1950年3月24日进驻康定城。从此，揭开了甘孜州历史的新篇章。

西康省藏族自治区人民政府于1950年11月24日在康定正式成立（这是新中国成立后的第一个地区级的民族区域自治政权，后改为州），桑吉悦希（天宝）任主席。1955年西康省藏族自治州划归四川省，改称甘孜藏族自治州。

甘孜州是我国的第二大藏区，也是康巴的核心区。千百年来，生活在这里的先民们创造了灿烂多彩、底蕴深厚的康巴文化——情歌文化、格萨尔文化、香巴拉文化、红色文化、宗教文化、其他民俗文化。享有宇宙歌曲美誉的《康定情歌》蜚声海内外。这里是情歌的故乡，是康巴文化的发祥地、格萨尔王故里、

艺术巡游活动吸引了甘孜各族群众

香格里拉核心区、嘉绒文化的中心、茶马古道的主线，还有红军飞夺泸定桥、三江纵流峡谷、蜀山之王贡嘎山等，舞蹈巴塘弦子、甘孜踢踏、石渠真达锅庄享誉中外。

知识链接 **德格印经院** 素有“藏文化大百科全书”“藏族地区璀璨的文化明珠”“雪山下的宝库”盛名的德格印经院，全名“西藏文化宝藏德格印经院大法库吉祥多门”，又称“德格吉祥聚慧院”。始建于1729年，总占地面积约5 000平方米，建筑占地面积近3 000平方米，总建筑面积九千余平方米，坐落在德格县，全国重点文物保护单位。印经院构造独特，红墙高耸，绿树婆娑，幽静壮观。院内分藏版库、纸库、晒经楼、洗版平台、裁纸齐书室及佛殿、经堂等。德格印经院以藏书丰富，门类齐全，各教派兼容并蓄著称于世。

德格印经院

“世界生态旅游最佳目的地”——阿坝藏族羌族自治州

阿坝藏族羌族自治州位于四川省西北部，紧邻成都平原，北部与青海、甘肃省相邻。幅员8.42万平方公里。辖马尔康、金川、小金、阿坝、若尔盖、红原、壤塘、汶川、理县、茂县、松潘、九寨沟、黑水等13县，223个乡（镇），1 354个行政村。2010年末户籍总人口898 846人，藏族占56.6%，羌族占18.5%，是四川省第二大藏区和我国羌族的主要聚居区。

公元前316年秦置湔氐道（今松潘），阿坝州始有建制。西汉置汶山郡。晋、隋袭旧制。唐代建置时有兴废，演变频繁。宋置茂州通化郡、威州维川郡。元为土司制度之始，明置于茂州、威州、松潘卫，分辖各土司及千户所。清设茂州、理番厅、松潘厅、懋功厅。民国之初改厅州为县，继后设松理懋茂汶屯殖督办公署，后改为四川省第十六行政督察区。

映秀镇地震纪念馆

1935年至1936年，中国工农红军长征在州境内转战停留达16个月之久，创建了各级苏维埃政府和少数民族革命政权。长征途中，党中央先后在阿坝州召开了两河口、毛儿盖、巴西等10次政治局会议（含扩大会议、常委会议、非正式会议），确定了红军北上抗日等关系中国革命命运的重大战略方针。全州13个县被四川省政府认定为革命老区县。1950年1月，建立川西人民行政

九寨沟

黄龙

知识链接

九寨沟 九寨沟的山水形成于第四纪古冰川时期，现保存着大量第四纪古冰川遗迹。九寨沟地下水富含大量的碳酸钙质，湖底、湖堤、湖畔水边均可见乳白色碳酸钙形成的结晶体。九寨沟的活水泉又异常洁净，加之梯形状的湖泊层层过滤，其水色愈加透明，能见度高达20米。翠海、叠瀑、彩林、雪峰、蓝冰藏情，被誉为九寨沟“六绝”。水乳交融，美不胜收。

黄龙 风景名胜区面积700平方公里，由黄龙本部和牟尼沟两部分组成。黄龙本部主要由黄龙沟、丹云峡、雪宝顶等景区构成，牟尼沟部分主要是扎嘎瀑布和二道海两个景区。主要因佛门名刹黄龙寺而得名，以彩池、雪山、峡谷、森林“四绝”著称于世，是中国唯一的保护完好的高原湿地，这里山势如龙，又称“藏龙山”。

公署茂县专区专员公署，1953年撤茂县专区建立四川省藏族自治区，1955年更名为阿坝藏族自治州，1987年更名为阿坝藏族羌族自治州。

阿坝地处青藏高原东南缘，横断山脉北端与川西北高山峡谷的结合部，随着海拔高度变化，气候从亚热带到温带、寒温带、寒带，呈明显的垂直性差异。旅游、水能、生物和矿产资源优势明显。世界自然遗产九寨沟、黄龙及卧龙·四姑娘山大熊猫栖息地等世界级旅游景区闻名遐迩。这里有松潘古城墙、红军长征遗迹等8处全国重点文物保护单位。黑水卡斯达温、九寨沟㑇舞、羌笛演奏及制作技艺、羌族瓦尔俄足节等12项民族文化遗产被列入国家级非物质文化遗产目录。独特的藏、羌民族风情，神秘的藏传佛教文化吸引了越来越多的中外游客。

“九色甘南”——甘南藏族自治州

甘南藏族自治州地处青藏高原东北边缘，青藏高原与黄土高原过渡的甘、青、川三省结合部。

自治州辖夏河、碌曲、玛曲、迭部、舟曲、临潭、卓尼七县及合作市，共有99个乡镇（街道办）、664个行政村，国土总面积

合作市世纪广场

羚羊之地
——羚城

4.5万平方公里，州内有藏、汉、回、土、蒙古等24个民族，总人口73.07万，其中藏族占总人口的54.2%。玛曲、碌曲、夏河、卓尼、合作五县（市）为纯牧业县（市），迭部、临潭、舟曲三县为半农半牧业县。

甘南历史悠久。随着历史的进程，甘南的羌部逐渐建立自己的部落联盟或依附中原王朝，民族间的交流便逐渐频繁起来。秦时部分地方已属临洮管辖。西汉时，东部属陇西郡，北部属金城郡，设白石、羌道两县。隋时的临洮郡、枹罕郡、宕昌郡分别管辖今甘南的西北和东南部部分地区。唐朝初年废郡置州，甘南境内曾为洮州、芳州、迭州的全部和河州、宕州的部分，西北部属吐谷浑、吐蕃的范围。元代属宣政院管辖，吐蕃等处宣慰司统领。明代属陕西都司管辖。清乾隆时，州境大部属巩昌府，夏河由循化抚番厅管辖。1913年废府设道，临潭县属兰山道，西固县（今舟曲县）属渭川道。1928年建立夏河县、改属甘肃管辖，1937年成立卓尼设治局。1949年9—12月，临潭、卓尼、夏河、西固相继解放。1952年7月设立甘南藏区委员会，1953年10月甘南藏族自治区成立，1955年7月1日改为甘南藏族自治州。州府设在合作市。

甘南州资源丰富，有铁、铜、铅、锌、金、铀、汞、煤、石膏等20余种矿产。森林面积广大。境内有尕海、则岔两个国家级

拉卜楞寺

知识链接 **拉卜楞寺** 位于甘南藏族自治州夏河县。我国藏传佛教格鲁派六大寺院之一。第一世嘉木样阿旺宋哲大师创建于康熙四十八年（1709）。康熙五十三年（1714）建立“拉章”，“拉章”音变为“拉卜楞”，意为寺院最高活佛府邸。寺院坐北向南，占地总面积86.6万平方米，主要殿宇90多座，包括六大学院、16处佛殿、18处昂欠、僧舍及讲经坛、法苑、印经院、佛塔等，形成了一组具有藏族特色的宏伟建筑群，房屋不下万间。拉卜楞寺宗教体制的组成以闻思、医药、时轮、吉金刚、上续部及下续部六大学院为主，在藏传佛教寺院中建制较为健全。

自然保护区，莲花山和冶力关国家森林公园，以及桑科草原、黄河首曲、大峪沟等几十处优美的自然景区；有全国文物保护单位的夏河拉卜楞寺、卓尼禅定寺和碌曲郎木寺等121座藏传佛教寺院；有红军长征经历的天险腊子口、俄界会议遗址等十多处革命历史遗迹；有香浪节、晒佛节、采花节、花儿会等几十种民俗节庆活动，被誉为“中国的小西藏，甘肃的后花园”。

“高原动植物王国”——迪庆藏族自治州

“迪庆”，藏语意为“吉祥如意的地方”，是云南省唯一的藏族自治州，位于云南省西北部，地处云南、四川、西藏三省区结合部的青藏高原南延地段，是世人向往的香格里拉，世界自然遗产“三江并流”腹心区。

全州面积23 870平方公里，辖香格里拉、德钦和维西傈僳族自治县3个县，29个乡镇，182个村民委员会；2000年第五次全

香格里拉县城建塘镇中心广场

国人口普查全州总人口353 518人，其中少数民族人口占总人口的83.56%，生活着藏、傈僳、纳西、白、彝等26个少数民族，藏族117 099人，占总人口的33.12%。迪庆是西南地区历史上“茶马古道”的要冲，是东部藏区重要的物资集散地和商转站。

迪庆有着悠久的历史。汉武帝在“西南夷”设置郡县。东汉时，迪庆为牦牛羌地。隋时为南宁州总管府地。1277年，设临西县，属丽江路军民抚司巨津州。1406年，在今维西县设剌和庄长官司，直属云南都司管辖。1522—1572年，丽江军民府土知府木氏染指藏务，经营康区，并以迪庆为据点，攻下巴塘、理塘、乡城等康南地区。1726年，清政府将迪庆地区划归云南省，设中甸厅；1727年，设维西厅。

千百年来，居住在迪庆的各族人民勤劳勇敢，为争取和平与自由，同一切残暴势力进行顽强斗争。1936年4月，中国工农红军二、六军团长征途经中甸（今香格里拉），与藏民和松赞林寺结下深厚情谊，贺龙同志向松赞林寺赠送了“兴盛番族”的锦幛。1949年5月20日，在党组织的领导下，维西县举行武装暴动，夺取政权，7月成立了维西县人民政府。1950年5月，中甸县（今香格里拉县）和平解放，成立了香格里拉县人民政

寿国寺

香格里拉

知识链接

寿国寺 该寺为清代古建筑，被列入全国重点文物保护单位名单。寿国寺位于澜沧江东岸康普乡格丁洛巴村。寺院占地面积2 600平方米，寺坐东向西，由山门、正殿、侧殿组合成一座四合院。外形为清代式建筑，内部装修为藏式风格。正殿檐下有密集的斗拱装饰，具有清代汉式楼阁建筑风格，又有藏式寺院的藻井殿堂特色，在装饰技巧上还融进了剑川木雕技艺。

香格里拉 地处“三江并流”腹地，形成独特的融雪山、峡谷、草原、高山湖泊、原始森林和民族风情为一体的景观。雪峰连绵，峡谷纵横，像金沙江虎跳峡、澜沧江峡谷的景观比比皆是。辽阔的高山草原牧场、莽莽的原始森林以及星罗棋布的高山湖泊，使迪庆的自然景观神奇险峻而又清幽灵秀。

府。随即德钦也宣布和平解放，仍称德钦设治局，1952年5月建立县一级的德钦藏族自治区，1955年改称德钦县。1957年9月，中华人民共和国国务院批准，成立云南省迪庆藏族自治州，由丽江地区代管。1973年8月，经中共中央、国务院、中央军委批复，同意迪庆藏族自治州不再由丽江地区代管，直接受云南省领导。

迪庆文化多样，特色鲜明。世居这里的藏、傈僳、纳西等民族创造了丰富多彩的民族文化。多宗教并存、多民族共融的文化特色，体现了东西文化荟萃和南北文化交融的特点，突出了民族平等、团结、互助、共同发展的主题。各民族长期以来亲善相依，共同为迪庆经济社会的发展做出了贡献。

“绿色宝库”
——木里藏族自治县

木里藏族自治县是全国仅有的两个藏族自治县之一，隶属凉山彝族自治州。境内重峦叠嶂，江河环绕，地势堪称险峻。面积13 252平方公里。

建县前，木里是盐源县木里宣慰司领地。据史书记载：“周赧

藏家山寨

知识链接 **木里大寺** 始建于藏历第十一饶迥阳火猴年（1656），由第二代木里大喇嘛绕迥巴·桑登桑布仿照西藏哲蚌寺主持修建，于1659年初具规模，占地面积达8万余平方米。最鼎盛时有喇嘛770人，曾是康巴藏区规模最大的藏传佛教黄教格鲁派寺庙之一，是一个历史悠久、文物众多、享誉全藏区的名刹净土。木里大寺1982年恢复重修，是第十世班禅大师提出的全国藏蒙地区二十四座保留寺院之一。木里大寺，藏语全称为“木里噶丹喜珠曲勒朗巴吉瓦林”，坐落在桃坝乡你易店达尼牙布山麓，海拔2 673米，距县城一百余公里。寺院建筑依山就势、错落有致、巍峨壮观。

木里大寺

王三十年（秦昭襄王二十二年，公元前285年）秦设官治，置蜀守，因取笮，笮始见于书。”汉初、后汉、蜀国、两晋、南北朝、宋、明定笮县属越巂郡。清初，将卫的指挥使改为“守备”，归建昌总兵管辖。1728年，罢卫，改置盐源县，归宁远府辖，属四川省。民国初期，废府存县。1939年，盐源县归西康省管辖。

新中国建立后，木里仍属盐源县。1953年2月19日，成立木里藏族自治区（县级）。1955年5月，改为木里藏族自治县；同年12月13日，撤销西康省，木里归属四川省西昌专区管辖。1978年10月，撤销西昌地区建置，并入凉山彝族自治州。县府所在地乔瓦镇。全县辖3个区、1个镇、28个乡（其中5个民族乡）、9个相当于乡级的牧场。总人口12.9万，其中藏族42 572人，占总人口的32.8%。

木里山河壮丽，气势磅礴，风光秀丽，景色迷人，素有“绿色宝库”“天然动物园”“黄金世界”“最后的香格里拉”之美称。

“高原金盆”——天祝藏族自治县

天祝，藏语称华锐，意为英雄部落。天祝藏族自治县位于甘肃省武威市东南部，属甘肃省武威市。全县辖域面积7 149平方公里，截至2005年底，居住着藏、土、汉等28个民族，共212 957人，其中藏族占少数民族总人口的97.14%。

天祝地处青藏、黄土、内蒙古三大高原的交汇地带，境内群山环抱，层峦叠嶂，矿藏、森林、草原、水利资源十分丰富，素有“高原金盆”之称。

天祝境内早在新石器时代就有人类活动。夏商周时属雍州，为戎、羌驻牧之地；秦为月氏地。汉武帝时建河西四郡，天祝地区纳入西汉版图。东晋十六国时分属武威、昌松、广武3郡；至隋代，为凉州武威郡所辖；唐属陇右道凉州武威郡；五代时属凉州；北宋属西凉府；1036年后为西夏属地；元代设永昌路，分属西凉州和庄浪县；明代设陕西行都司，先后属庄浪卫、凉州卫和古浪守御千户所；清代属凉州府，由武威、平番、古浪3县辖之；1914年，裁庄浪茶马同知，设庄浪茶马厅理番委员，由平番县长兼任；民国时期几经裁并，至1940年，复设天祝乡。

1949年9月3日，永登县解放并成立永登县天祝区。1950年5月6日，成立天祝自治区（县级），是中华人民共和国成立后第一个实行民族区域自治的地区，属武威专区；1953年10月22日，改称天祝藏族自治区；1955年7月19日，更名为天祝藏族自治县，属武威专区；后几经更迭，至2004年9月，最后划定自治县辖8镇11乡：华藏寺镇、安远镇、炭山岭镇、打柴沟镇、哈溪镇、松山镇、石门镇、赛什斯镇、抓喜秀龙乡、大红沟乡、毛藏乡、祁连乡、旦马乡、朵什乡、西大滩乡、东大滩乡、天堂乡、赛拉隆乡、东坪乡。

乌鞘岭长城

第九章 杰出人物

藏区的寺院教育在藏族人才培养上起到了举足轻重的作用。藏族历史上的大学者、思想家、宗教领袖、艺术家都接受过寺院教育。本篇重点介绍在藏族历史发展进程中做出过巨大贡献的杰出人物。

吐蕃王朝的建立者——松赞干布

松赞干布（617—650），吐蕃王朝第33任赞普，是西藏历史上最重要、最广为人知的藏王。他在西藏高原实现了统一，建立吐蕃王朝。为巩固统一，松赞干布采取了一系列有效措施：迁都拉萨并建造布达拉宫；把西藏划为六大行政区域；推广佛教；创制文字；与唐王朝联姻，迎娶文成公主，并建成大昭寺、小昭寺；统一度量衡制度；鼓励众民开垦荒地；保护水利资源；开山修路以促进贸易，等等。这些措施对发展吐蕃的经济、文化、佛教、医药等起了很大的促进作用。藏族历来十分敬重松赞干布，他不仅被视为观音的化身，而且是有口皆碑的三大法王之一。

松赞干布和文成公主、墀尊公主塑像

西藏统一之后，松赞干布开始致力于政权建设，建立了完备的、以赞普为中心、高度集权的政治和军事机构。同时，他还制定法律、税制，任用贤明的大臣，采取许多措施鼓励百姓学习和运用先进生产技术，发展农牧业生产，使吐蕃的社会经济和人民生活迅速呈现中兴之势。

松赞干布制定了“十善法律”，共计20条。如孝敬父母，敦睦亲族，敬事长上，帮助邻里，报答慈仁，尊敬高德，以圣哲为模范，酬德报恩，斗秤公平，不用伪度量衡，与众和谐，说话温雅，酒食知量，心性忠直，虔信佛、法、僧三宝等；有的是保护私有制财产和维护贵族阶级利益的条文，如追回偷盗者赃物并补罚8倍赔偿，及时还债，不得抨击种姓高贵者，应受其教诲。除此之外，条文中还有杀人者偿命，斗争者罚金，奸淫者断肢，并流放异地，诳语者割舌等等。总之，它反映了统治者以佛教戒律为准绳，为人们规定了行为规范标准，对维护社会秩序和国家的安定，对促进生产的发展具有重要意义。

为严格等级制度并区别官阶之高低，松赞干布还仿效唐朝典章，规定了官阶品位制度，即向各级官员颁发了不同质料制成的章饰（又叫“告身”），凡分六等：第一等是瑟瑟（翡翠），二等是金，三等是银镀金，四等是银，五等为熟铜，末等为铁。臂章钉在方圆三寸的粗毛布上，悬于臂前，以别贵贱。

松赞干布洞悉贵族、领主及部落酋长拥兵自重是导致分裂、有碍统一的病根，于是他按照唐朝府兵制度，并结合了吐蕃地区的特点，建立了一套严密的军事制度。

松赞干布对周边各国，采取了睦邻友好的政策。他在位期间，把坚持发展与唐的亲密关系，作为缔造强大繁荣昌盛的吐蕃王朝的基本国策，使吐蕃和唐朝的关系极为和睦，双方之间互敬互助，加强了彼此的友好情谊。

为改变吐蕃人没有文字、靠刻木结绳记事的落后局面，松赞干布派出以大臣吞米·桑布扎为首的16名贵族到印度求学，终于创制出本民族的文字——藏文。为民族间经济文化的交流和藏民族文化的保存、传承与发展繁荣做出了巨大贡献。

650年六月，松赞干布在34岁的盛年时去世于逻些（今西藏自治区拉萨市）。松赞干布的一生，稳定内部，巩固王权，结束长期分裂的局面，统一吐蕃王朝，建立了强盛的奴隶政权；推行睦邻友好政策，积极与唐皇室联姻，推进藏汉之间亲密关系的发展，为藏族社会的进步和藏民族的发展壮大，为中华民族的统一和祖国内地与吐蕃的政治、经济、文化的交流，做出了巨大的宝贵的贡献。

吐蕃政治家——噶尔·东赞

噶尔·东赞（？—667），生于吐蕃堆垅让巴（今西藏自治区山南地区隆子县列麦乡）。吐蕃时期著名政治家、军事家和外交家，曾担任大论之职。史载，噶尔·东赞为人“明毅持重”，当政期间在建立吐蕃政治、经济制度方面多有建树，为吐蕃王朝立下了不朽的功绩。

640年，噶尔·东赞出使唐朝，成功地促使文成公主入蕃和亲。642年，他随松赞干布耗时三年讨伐羊同（即象雄），统一了青藏高原，后晋为大相。650年，噶尔·东赞晋为辅政大臣，致力于安定吐蕃内部，进行一系列制度改革，同时也继承了松赞干布的对外扩张政策。

噶尔·东赞塑像

652年，噶尔·东赞发兵征服洛沃（今阿里地区）和藏尔夏（今后藏地区）。656年，他率12万大军攻灭白兰部；663年，灭吐谷浑。青藏高原大部处于吐蕃的统治。667年，噶尔·东赞病逝，其子赞悉若多布、钦陵相继担任大相，继续把持吐蕃的政权和兵权，威望甚至超过了赞普一族。699年，赤都松赞发动政变，消灭了钦陵。噶尔·东赞第三子赞婆与钦陵之子噶尔·

阿里地区——狮泉河镇

莽布支，率部众及部分族人投降唐朝，并且以“论”为姓，成为论姓的始祖。

藏传佛教的推动者——赤松德赞

赤松德赞（742—797），吐蕃王朝第37任赞普，在位期间吐蕃国势达到鼎盛，为藏传佛教的弘扬起着极为重要的作用。

763年，赤松德赞乘安史之乱攻破唐朝都城长安。此后一段时间，吐蕃与唐朝或是交战，或是会盟。

769年，赤松德赞设计铲除了反佛派首领玛祥，派使者前往唐朝、天竺学习，并请寂护和密宗大师莲花生一同赴吐蕃弘法。在莲花生同恩兰·达扎路恭等人的佛苯辩论获胜后，赤松德赞便下令全国废除苯教信仰，改信佛教。775年在桑耶寺建成并开光之际，赤松德赞让七位吐蕃贵族出家为僧，称“预试七人”，是为藏传佛教僧团之始，并开始将梵文佛经译为藏文。同时在全国各地广建佛寺、佛塔，使得佛教逐渐成为吐蕃主要的信仰。赤松德赞在位期间，将佛教定为国教，制定每一名僧人由三户属民供养的“三户养僧制”。制定所谓的“三喜法”，规定赞普杀死属民就像母亲打孩子一样，属民应服从赞普；但如果赞普违背佛法，属民可以抗拒赞普的法律。他还对藏历进行改进。

▲

赤松德赞铜鎏金像

781年，吐蕃大举进攻唐朝，并于792年占领了西域地区。经过了一系列战争，吐蕃成为东至今陕西、甘肃交界处以及大渡河流域，南至印度中部恒河一带，西至帕米尔高原，北至天山的强大帝国。

797年，赤松德赞传位于蔡邦氏次子木奈赞普，后退隐宋喀之女马喀宫堡修行佛法，同年逝世，葬于穆日山赤德祖赞陵墓的后方，称为“朱日祖囊”陵。

著名藏医学家
——宇妥·元丹贡布

宇妥·元丹贡布（729—853），出生于前藏堆龙吉那地方的医学世家。著名藏医学家，曾任赤松德赞的御医。吐蕃王朝时期最杰出的医学家、藏医学理论体系的奠基人。

宇妥·元丹贡布少年时，受佛教密宗之开许仪轨。结合医理学习，他随其父亲和师兄格瓦冬吉奔走行医，治愈了无数病人，被老百姓誉为“第二御医宇妥·元丹贡布”。后成为王子赤松德赞的御医，从而位列西藏九大名医之首。他博学而谦虚，不耻下问，受到汉藏天竺等地九位太医的一致推崇，被誉为“药师佛祖降临人间”。

宇妥·元丹贡布画像

他走遍西藏各地并多次受藏王派遣赴内地五台山以及印度、尼泊尔等地，汲取了当地医学的精华，同时融合《医学大全》《无畏的武器》《月王药诊》等医书内容，总结藏民族积累的丰富医药经验，用数十年时间，于45岁时著成了藏医药宝库中的不朽经典——《四部医典》，使藏医成为具有独立理论体系、临床各科齐全、经验丰富的一门医学。宇妥·元丹贡布在皮肤病的治疗上有着杰出的贡献。相传藏药瑰宝藏党参的发现者就是元丹贡布。

知识链接 **《四部医典》** 共156章，2 300多页。书中对人体生理学、病理学理论以及对疾病的诊断、治疗药物的制作和卫生保健等都有详细的论述，为藏医药学发展成为一门有理论、有实践、有民族特色的科学奠定了基础。

河湟地区文化和经济发展的推动者——唃厮啰

10世纪下半叶至11世纪，在甘青地区兴起了两个吐蕃地方政权，六谷地区的潘罗支政权和河湟地区的唃厮啰政权。潘罗支政权出现不久被西夏吞并，唃厮啰政权则在青海东部维持了一个多世纪。

南淮古城

唃厮啰生于新疆高昌，吐蕃赞普之后。唃厮，意为“佛子”，“啰”为尊称。1008年在其12岁时回到河湟地区，被视为赞普，欲恢复吐蕃旧地。1034年，唃厮啰发动夺权斗争，并迁都青唐城（今西宁），牢牢掌握了河湟地区的吐蕃政权，与宋王朝形成联盟。1036年，唃厮啰破元昊，声名大振，河陇诸部落纷纷集合在其麾下，强盛一时。

唃厮啰对河湟地区的经济与文化发展做出了巨大贡献。唃厮啰人饲养的良马驰名华夏，为与宋贸易的大宗和向宋进贡的主要品种。社会相对安定，农业有了相当发展。以畜产品加工为主的手工业也有一定发展，如鞣皮张、纺毛线、织氆氇、擀毛毡、织毛毯、制帐篷、酿美酒、冶铁器、雕银器等，尤善制弓弩刀剑，为贡品。唃厮啰时，丝绸南路青海古道重新兴旺，对过往使者和商人加以保护。唃厮啰继承吐蕃传统文化并有发展，崇尚佛教并大建佛寺，佛教僧侣受到尊崇。

米拉日巴
铜像

密教著名修行者
——米拉日巴

米拉日巴（1052—1135），本名米拉日巴·脱巴噶，法名协巴多吉。出生于芒域贡塘地区（今日喀则地区吉隆县）。噶举派上师，西藏最著名的密教修行者。

1077年他赴拉尔地方（今仁布县境内），向宁玛派荣敦拉迦大师求法，习“大圆满正法”。后经引荐到洛扎向玛尔巴译师求法。1084年米拉日巴返乡，隐居潜心苦修那若巴密宗教义及瑜伽的“拙火定”等秘密真言，获得“正果”。他一生为弘扬佛教教义，遍游西藏各地，收徒传法，扩大噶举派势力。他曾在冈底斯山与苯教首领“斗法”获胜。晚年声望很高，追随者众多。

米拉日巴传教方法独特，常以歌唱教授门徒。15世纪噶举派高僧桑结坚赞编辑完成了《米拉日巴道歌集》，流传于世。内容写人叙事多采取比喻手法，文字清新流畅，对话生动，对后世藏族诗歌发展产生过影响，在文学史上占有一定地位。此外，桑结坚赞还著有《米拉日巴传》，在藏族地区广为流传，有汉文节译本和蒙古文译本。

米拉日巴
佛阁

萨迦班智达
——萨班·贡嘎坚赞

萨班·贡嘎坚赞（1182—1251），出生于乌斯藏，原名贝丹顿珠，意为“吉祥义成”。藏传佛教萨迦派第四代祖师，著名学者。幼年从师于萨迦派大师扎巴坚赞，从受近事戒，改名贡嘎坚赞（庆喜幢）。1204年拜印度那烂陀寺寺主释迦室利为师，习佛教经论，受比丘戒，通达大、小五明，被称为萨迦班智达（大学者）。

1216年任萨迦寺寺主。1247年与阔端会面，议定西藏各地方势力归顺蒙古政权的条件，并致书西藏僧俗领袖，陈述利害，劝说归顺，为西藏宗教领袖与蒙古王室建立政治联系之第一人，对西藏归附蒙古政权，促进统一全国大业做出过贡献。1251年圆寂于凉州郊外的幻化寺，享寿70岁。

萨班一生不仅在政治上的贤明豁达，在学术上还是一位著名的佛学家、语言学家，著作有《分律三义论》和《明藏论》（又译《正理藏论》）。这两本书不仅是萨迦派僧人必读典籍，也是宗喀巴之前，藏传佛教其他教派僧侣必读的主要因明学教材，是当今研究藏传佛教不可缺少的重要资料。除此之外，还著有《语言学概要》《构词法之花》《藻词汇编》《因明之库》《医疗八术》等，内容涉及宗教（内明）、逻辑（因明）、语言（声明）、医学（医方明）、修辞、音乐、乐理等多方面。《萨迦格言》是萨班的另外一本名著，不仅是藏族文学的一朵绚丽多彩的奇葩，也是祖国文学宝库中珍贵的财富。

▲

《萨迦格言》书影

萨班·贡嘎坚赞铜像

▼

帝师大宝法王——八思巴

八思巴（1235—1280），乌斯藏（今西藏萨迦）人，本名罗古罗思监藏，八思巴（意为“圣者”）为尊称，藏传佛教萨迦派第五代祖师。他对西藏与祖国的统一、蒙古文的创制、佛教传入内蒙古及华北等地、萨迦派在西藏的兴盛、西藏与内地的文化交流做出了巨大贡献。八思巴著作甚丰，达30余册，其中以《彰所知论》最为著名。

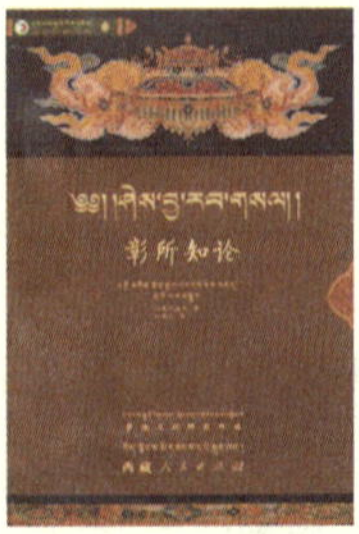

《彰所知论》书影

八思巴自幼聪慧过人，师从伯父萨迦班智达。1244年，他随伯父至甘肃见蒙古王子阔端。17岁时，被萨迦班智达任命为自己的法位继承人，即萨迦寺主持和萨迦派教主，成为萨迦派第五祖。班智达去世后，八思巴成为既是萨迦派的教主又可代表西藏地方势力的显赫人物。

八思巴铜像

1260年，忽必烈汗封八思巴为国师，赐玉印。1264年，元朝设置总制院，掌管全国佛教和藏族地区事务，命八思巴以国师的身份兼管。1265年，八思巴返回西藏，居留三年，其间奉忽必烈之命创制“蒙古新字”，为元朝皇帝授予神圣灌顶，深得元朝皇帝器重。忽必烈晋升八思巴为帝师，并赐玉印。封号全称为：“普天之下，大地之上，西天子，化身佛陀，创制文字，护持国政，精通五明班智达八思巴帝师”，又称帝师大宝法王，简称帝师。

元代八思巴文令牌

1280年，八思巴在萨迦寺英年早逝，享年46岁。忽必烈又追赐封号：“皇天之下一人之上开教宣文辅治大圣至德普觉真智佑国如意大宝法王西天佛子大元帝师。”

金刚大乘法王——绛曲坚赞

绛曲坚赞（1302—1364），又译为降曲坚赞、松秋坚赞，意为“菩提幢”。出生于乌斯藏帕竹地方（今桑日县境内），系吐蕃时代朗色林家族的后裔。西藏帕竹地方政权的第一代法王、政教合一的领袖，被称为班札法王，为莲师之化身。元朝册封他为大司徒。

1313年，绛曲坚赞担任达尼钦波桑波贝的当聂（宫廷随从），学习佛教，同时也学习行政事务的管理。1322年，元朝册封他为帕竹万户长，他开始整顿吏治，发展藏地经济。1335年绛曲坚赞相继击垮了雅桑、蔡巴万户、止贡万户，吞并了其土地和属民，使帕竹地方政权日益强盛。1349年，他推翻了萨迦派的统治，控制了前藏地区，建立了帕竹王朝，并且向元廷宣告他是全藏的统治者。

▲

绛曲坚赞铜像

1358年，元廷册封他为大司徒，同时册封他为“金刚大乘法王”，即第一世班札法王。元顺帝赐给绛曲坚赞虎钮印章和封诏，命他接管西藏一切政教事务，规定贡噶、仁蚌等前后藏地区为绛曲坚赞的辖地。帕竹政权正式取代萨迦政权，接管乌斯藏，绛曲坚赞成为帕竹政权的第一代第悉。

绛曲坚赞打破原先的土地制度，将土地公平分配给农民，同时恢复了松赞干布时期的西藏法律。推行庄园制度，以发展生产。将原本十分松散、各自为政的十三万户进行改革，建立了“宗”的行政单位，取代萨迦时期的“万户”制。设立十三大宗，各宗设有宗本，宗本均由绛曲坚赞直接任命，每三年更换，这是西藏地方政治结构上的一项创新。他建立了西藏历史上第一个施行政教合一的帕竹政权，共传十三代法王，统治西藏达264年之久。

绛曲坚赞乃莲师之化身，为修持胜乐金刚法和大手印法之大成就者。他戒律清净，治戒甚严。他主掌的泽当寺主张不分教派，聚集了不同宗派的众多喇嘛，并首创学僧的辩经制度，为佛法的传承和发扬做出重大的贡献。他邀请仁钦那杰译师等学者校订泽当寺金汁书写的全套《甘珠尔》和《丹珠尔》，自己著传记《大司徒遗命集》。

“千里平原上的国王”
——汤东杰布

汤东杰布（1361—1455），藏族著名建筑师，藏戏的开山鼻祖。民间视其为创造藏戏的戏神和修建桥梁的铁木工匠的“祖师”，是藏族人民心目中智慧、力量的化身。

汤东杰布幼时家境贫穷，以牧羊为生。迫于生计，他当过兵，做过生意，后削发为僧，僧名尊珠桑布。由于勤奋好学，刻苦钻研，博学多思，他成为一名有造诣的学者和得道者，被众人誉为汤东杰布（意为“千里平原上的国王”）。

1430年，汤东杰布在雅鲁藏布江上首次建成曲水铁索桥。为了募集资金，他亲自组织了歌舞演唱队，自己创作作品并设计演出服装，把演戏化缘得来的资金用于修桥补路。一生中，他共建筑了58座铁索桥。人们亲切地赞誉他为“铁桥活佛”。

汤东杰布的另一个重要贡献是，将佛教经典中的传记同民间传说、神话故事等融在一起，创作出一种具有人物性格和舞蹈、唱腔相结合的表演艺术，使过去那种单一的跳神舞逐渐地戏剧化，并从宗教仪式中分离出来，形成了藏剧艺术的雏形。因此，藏族人民把汤东杰布尊为藏戏的开山鼻祖。至今在许多藏戏演出场地，看戏的观众首先要在汤东杰布的像前敬献哈达，以示谢恩；在汤东杰布的故乡，甚至还保留着一种传统仪式，每逢观看藏戏表演时，都要带一些清油和羊毛作为礼物送给戏班子，表示用清油、羊毛擦铁索，以保存好汤东杰布所建的铁索桥（早已不复存在），使其不锈，永存于世。另外，在西藏一些寺庙里，也可看见汤东杰布的画像或塑像。

汤东杰布铜像

噶举派著名高僧——桂·熏奴贝

桂·熏奴贝（1392—1481），出生于乌斯藏琼结地方，历史学家、翻译家、藏传佛教噶举派著名高僧。9岁出家，拜嘉饶达吉为师，学习藏文及佛学。24岁开始钻研显密典籍，曾先后拜60余位僧人为师，在显密宗方面得到系统学习。

桂·熏奴贝著作宏富，传世文集十函，其中有《时论续大疏》《时论释难》《宝性论大注释》《青史》等。最为著名的是《青史》，成书于1476至1478年间。共15章，内容包括教法源流、中原王朝及乌斯藏王朝世系，前、后弘期佛教史，对后弘期佛教的传播、教派形成、传承系统、各派名僧、寺院、经典的记叙尤为翔实。《青史》对后世藏文文献产生了极大的影响，是研究藏传佛教史和藏族历史的珍贵资料，被视为“藏文三大典籍”之一。

《青史》书影

四世班禅额尔德尼罗桑·却吉坚赞

罗桑·却吉坚赞（1567—1662），出生于后藏拉珠嘉尔，四世班禅，明末清初藏传佛教格鲁派（黄教）首领，是一位功德无量的宗教领袖，也是一位杰出的政治领袖。他为格鲁派的发展，为维护祖国统一，为促进汉、满、蒙古、藏各兄弟民族的团结，做出了重要贡献。

罗桑·却吉坚赞13岁出家，从克智桑杰益西受沙弥戒，赐法名罗桑·却吉坚赞，简称罗桑却吉。17岁时前往扎什伦布寺学经。22岁在拉章坚赞宫中受近圆戒。1598年接受寺政，收徒传法。其后兼任岗坚曲培寺赤巴（法台）和扎什伦布寺第十六任法台。1641年，罗桑·却吉坚赞和五世达赖请青海的蒙古王固始汗率兵进藏，推翻了信奉噶玛噶举派的藏巴汗地方政权，格鲁派在西藏获得统治地位。他又与五世达赖、固始汗共同遣使赴沈阳朝清，确立了与清朝的关系。

罗桑·却吉坚赞铜像

扎什伦布寺远景

罗桑·却吉坚赞是西藏历史上极有影响的人物，班禅活佛转世系统就是从他开始的，他还为四世和五世达赖喇嘛剃度和传授沙弥戒。1662年二月十三日，罗桑·却吉坚赞在扎什伦布寺圆寂，享年95岁。五世达赖为之选定“转世灵童”，建立了班禅转世系统。

五世达赖喇嘛阿旺罗桑嘉措

阿旺罗桑嘉措（1617—1682），出生于雅隆琼结钦瓦达则宫，五世达赖。6岁时被认定为四世达赖的转世，由四世班禅大师剃度出家，从班禅大师处受学《菩提道次第论》等诸多佛法传承。又依止宝法增详学《因明》《律经》《俱舍》《现观庄严论》和《入中论》等五部大论。36岁时受清顺治皇帝的邀请赴北京弘法，赐以金册、金印，封为“西天大善自在所掌领天下释教普通瓦赤喇怛喇达赖喇嘛”。1682年二月二十五日在布达拉宫圆寂，享寿66岁。

五世达赖铜像

五世达赖喇嘛不仅是一位佛学家、政治家，还是一位史学家及医药学家，所著《西

藏王臣记》至今已被译为多国文字流传海内外。此外，他还著有《大圆满教法史》《中观论释》《俱舍论疏》《良药文集》《诗镜论》等30多函。五世达赖喇嘛具有敏锐的政治嗅觉和高瞻远瞩的政治主见，曾带领格鲁派联合和硕特部固始汗，消灭了以藏巴汗丹迥旺布为首的、敌视格鲁派的各个地方势力和宗教势力组成的联合集团，结束了西藏一个时期以来四分五裂的局面。

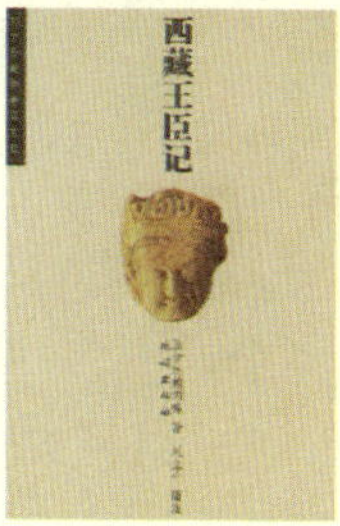

《西藏王臣记》书影

六世班禅额尔德尼罗桑华丹益希

罗桑华丹益希（1738—1780），出生于襄地扎西则（今日喀则南木林县）地方，六世班禅。1766年，乾隆帝遣使到扎什伦布寺册封他为六世班禅，颁给金册、金印。1774年，东印公司与不丹发生战争，英国驻印总督趁机向六世班禅建议英国与西藏建立联系、英方与西藏自由通商，并提出在拉萨设立代表等要求，被拒绝，使其阴谋未能得逞。

1778年，乾隆皇帝七十大寿之际，邀请六世班禅进京。六世班禅于同年七月二十一日到达承德。同年八月二十五日，经古北口至北京。1780年十一月二日下午，六世班禅在北京黄寺因患天花治疗无效而圆寂，享年42岁。次年二月，六世班禅的灵塔运往西藏扎什伦布寺，扎什伦布寺僧众建造了一座大银塔，将御赐金

清净化城塔

塔供奉在内。清高宗为了纪念六世班禅，特命在他生前住过的黄寺西侧，建立了一座宏伟的清净化城塔，俗称西黄寺。寺内有清高宗御制的用汉、满、蒙古、藏四种文字书写的碑文。

著名学者——桑结嘉措

桑结嘉措（1653—1705），政治家、学者。出生于拉萨北郊。第五世第司，管理西藏地方政务。在任期间，于1693年修成布达拉宫的扩建工程。

桑结嘉措是一位学术造诣颇深的著名学者。他在前人研究基础上，对《四部医典》进行了整理、校对、修订和注解，还编著了《医学广论药师佛意庄严四续光明蓝琉璃》《五世达赖喇嘛传》《六世达赖仓央嘉措传》《黄教史》《法典明鉴》等20多部有关藏族历史、宗教、文化、医学、医药、天文、历算、法律的著作，并在拉萨药王山上建立医学利众寺，开设多门课程，培养了一大批著名的藏医学专家。

桑结嘉措画像

维护祖国统一的代表——颇罗鼐

颇罗鼐（1689—1747），本名琐南多结。西藏江孜人，乾隆四年（1739）被封为郡王。

1720年，颇罗鼐配合阿里总管康济鼐出兵策应进藏清军，击退入侵的准噶尔军。清政府平乱后，以颇罗鼐为四噶伦（总理西藏政务官员）之一，任仔本（审计官），掌管财政。后被清廷任命协助驻藏大臣总理政务，并封其为贝子。

执政期间为了恢复和发展生产，针对旧制中存在的弊端进行了改革，政治上励精图治，顺应僧侣民众的心愿，社会矛盾得到缓和，民众负担有所减轻，使民众得到了休养生息，对稳定、恢复和发展生产起了积极的促进作用。颇罗鼐在社会动荡、矛盾复杂的政治斗争中，始终如一地依靠清中央政府，凡事向大清皇帝汇报，在反对地方分裂，坚决维护祖国统一方面做出了卓越的贡献。

颇罗鼐画像

著名作家——多卡瓦·策仁旺杰

多卡瓦·策仁旺杰（1697—1764），出生在达垅地方的世族之家。策仁旺杰自幼受到了良好的教育，15岁时，拜师大班智达达玛室利学习《诗镜》、历算、声明、韵律及宁玛派教典，班智达给具起名为仓色吉贝洛丹（意译为梵子喜智）。随后转入仕途，策仁旺杰在当时执掌西藏政教事务的地方权力机构甘丹颇章先后充任税务、日喀则宗本、直贡宗本、贡嘎宗本、地方政府文牍书办以及藏北地区的总管等职务。1727年，经颇罗鼐举荐，清廷任命策仁旺杰为噶伦。

策仁旺杰知识丰富，特别擅长历算和“年阿体”诗作，是藏族历史上一位才华横溢的作家，除著有《颇罗鼐传》外，还有长篇小说《青年达美的故事》、梵藏合璧《佛本生记》，自传《噶伦传》和《梵藏字典》等著述。

《颇罗鼐传》书影

土观·洛桑却吉尼玛活佛

土观·洛桑却吉尼玛活佛（1737—1801），生于甘肃天祝县松林乡，青海互助县佑宁寺二世土观活佛的转世。

1755年入哲蚌寺果芒扎仓学经，曾拜章嘉国师若必多吉为师。1761年返回青海，任佑宁寺第三十六任法台。1763年因章嘉国师的举荐，被清高宗召请进京，曾任掌印喇嘛、御前常侍样师等职，颇受皇帝崇信，协助章嘉国师完成了《四体清文鉴》《满文大藏经》的编纂和翻译工作，并负责雍和宫等寺庙的学经等活动。从北京返回青海后，于1789—1793年任塔尔寺第三十五任法台，离任后常住佑宁寺，专心著述。洛桑却吉尼玛活佛潜心学术研究，著述甚多。1801年完成的《宗派源流》，记叙了古代印度的外道和佛教、西藏的苯教和佛教，内地的儒、释、道以及蒙古、于阗等地佛教的历史，特别是对藏传佛教的宁玛、萨迦、噶当、噶举、格鲁、希解、觉域、觉囊等教派的历史演变和教理上的差异，都做了系统的说明和介绍。《宗派源流》刊印后，立即受到藏、蒙古佛教界人士的重视，是研究藏传佛教的重要著作。

▲ 土观·洛桑却吉尼玛铜像

藏族人文主义先驱——更敦群培

更敦群培（1903—1951），出生于青海热贡（今同仁县），20世纪藏族史上的佛门奇僧、学术大师、启蒙思想家，藏族人文主义先驱和藏传佛教世俗化的先驱，朴素的唯物主义者和爱国主义者。

更敦群培 ▶

1906年更敦群培被认定为吉美索朗多杰祖古转世，并进入亚玛扎西齐寺学经。1912年受沙弥戒。1914年入西关寺学经，拜拉然巴格西楚臣为师，学习文法与诗词。1917年，依止宁玛派的卡加德顿，受灌顶。同年前往格鲁派底察寺，学习因明等，受比丘戒，取法名更敦群培。

1921年，前往甘南拉卜楞寺，入闻思

学院学习。在此期间，更敦群培用五年时间学习法称的《量论》。1926年，更敦群培成为拉寺两名最优秀的学僧之一。业余时间，更敦群培还认识了在拉卜楞地区的传教士，学了一些英语。他对机械也感兴趣，手工做过一些模型船。1928年，到达拉萨，为了谋生，更敦群培干起了绘画的行当，生活稳定了下来。1929年，入哲蚌寺果芒扎仓，学习《释量论》《中论》等，先后完成了格鲁派13级课程中的11级。1934年11月，更敦群培到达印度大吉岭，学习梵文、英文等，有一段时间被摩诃菩提学会派往锡兰，学习巴利文等。1938年5—9月，再次入藏考察。这一时期，更敦群培的许多作品发表在《明镜》杂志上，包括《旅居印度的反思》《俗语嵌套诗》等，还出版了《印度诸圣地朝圣指南》，将《入行论》翻译成英文，完成了《欲经》的创作。与罗列赫合作，将藏文史学名著《青史》翻译成英文；将《法句经》由巴利文译成藏文。

更敦群培学术造诣高深，并有论著传世，其具有现代特点的科学的治学方法是在继承藏族传统治学方法基础上的创新。更敦群培将人文史观运用于学术实践，对藏印社会历史文化进行科学的考察和研究，冲破了佛教神学笼罩的传统藏学格局，开创了具有理性和科学色彩的现代藏学。

阿沛·阿旺晋美

阿沛·阿旺晋美（1910—2009），出生于拉萨市。曾任全国人民代表大会常务委员会副委员长，中国人民政治协商会议全国委员会副主席，中国西藏文化保护与发展协会会长。1955年被授予中将军衔。第一届至第七届全国人民代表大会代表，第三届至第七届全国人民代表大会常委会副委员长，第五届至第七届全国人民代表大会民族委员会主任委员。第一届中国人民政治协商会议委

阿沛·阿旺晋美

阿沛·阿旺晋美代表西藏地方政府在《十七条协议》上签字

员，三届、八届至十一届中国人民政治协商会议副主席。

阿旺晋美出生在一个有着蒙古族血统的贵族霍尔康家里。17岁时，以庄园主少爷的身份，代替母亲管理庄园，并同贵族宇妥家的阿沛·才旦卓嘎结为伉俪，以阿沛家族继承人身份向西藏噶厦政府申请出仕获准，正式承袭了阿沛名号，改名为阿沛·阿旺晋美。

1952年2月，中国人民解放军西藏军区成立时，中央军委任命阿沛·阿旺晋美为西藏军区第一副司令员。1954年，在第一届全国人民代表大会第一次会议上当选为国防委员会委员。同年，以西藏自治区筹备委员会筹备小组成员之一的身份，向国务院提交了成立西藏自治区筹备委员会具体方案的工作报告。1959年3月28日，西藏自治区筹备委员会行使西藏地方政府职权，阿沛·阿旺晋美出任筹委会副主任委员兼秘书长。随后，他参与领导了西藏的平叛、民主改革和民主建政，为成立自治区、实施民族区域自治奠定了坚实的政治基础和群众基础。

1965年7月24日，阿沛·阿旺晋美以自治区筹委会代理主任委员的名义，主持讨论并通过了向国务院呈送的《关于正式成立西藏自治区的请示报告》。1965年9月1—9日，西藏自治区第一届人民代表大会第一次会议上，阿沛·阿旺晋美当选为自治区人民委员会主席。阿沛·阿旺晋美多次带队深入到西藏等少数民族地区调查研究，时刻关心着祖国改革开放和社会主义现代化进程，关心着西藏的建设和发展。

十世班禅额尔德尼确吉坚赞

十世班禅额尔德尼（1938—1989），出生于青海循化县。1941年，被选定为九世班禅额尔德尼的转世灵童，原名贡保慈丹，法名班禅额尔德尼确吉坚赞。国务活动家，藏传佛教格鲁派两大教主之一。曾任西藏自治区筹备委员会第一副主任委员、代主任委员，中国佛教协会第一至第五届名誉会长，第二、五、六、七届全国人民代表大会常委会副委员长，第二、五届中国人民政治协商会议副主席，中国藏语系高级佛学院院长。1956年获印度瓦然那斯梵文大学名誉博士称号。

十世班禅额尔德尼确吉坚赞

1949年10月1日，班禅额尔德尼确吉坚赞致电党中央，祝贺中华人民共和国成立，明确表示拥护中央人民政府，愿为解放西藏、完成祖国统一贡献力量。1951年4月27日，参与中央人民政府与西藏地方政府关于和平解放西藏的谈判。同年5月29日发表声明，热烈拥护《中央人民政府和西藏地方政府关于和平解放西藏办法的协议》（即《十七条协议》）。同年6月23日返抵日喀则扎什伦布寺，从而结束了从九世班禅开始长达28年流亡他乡的生活。1954年，参加全国人民代表大会和中国人民政治协商会议，当选为全国人民代表大会常务委员、中国人民政治协商会议副主席。1956年4月22日，西藏自治区筹备委员会成立，大师又出任第一副主任委员。大师作为年轻的国家领导人，在反对分裂，维护国家统一方面发挥了重要的作用。

1958年通过扎什伦布寺辩经大会，考取“噶钦”学位。1959年3月，大师代理西藏自治区筹委会主任委员，开始主持西藏的全面事务。在他的主持下，筹委会通过了一系列有关平定叛乱和民主改革的政策方案，为稳定西藏局势和发展西藏经济、推动社会前进做出了很大贡献。同年，大师又当选为全国人民代表大会副委员长。“文革”中受到迫害。1980年9月，在全国人民代表大会五届三次会议上，大师被补选为全国人民代表大会常委会副委员长，重新走上了国家领导人的岗位。1989年1月28日，因心脏病突发，在他的新宫德庆格桑颇章圆寂，享年51岁。

德庆格桑颇章

参考文献

1. 王尧，陈践. 敦煌本吐蕃历史文书. 北京：民族出版社，1980

2. 丹珠昂奔. 试论“格萨尔”其人. 西藏研究. 1982（3）

3. 四川省编辑组. 四川省阿坝州藏族社会历史调查. 成都：四川省社会科学院出版社，1985

4. 拉萨藏学会论文集. 拉萨：西藏人民出版社，1986

5. 格萨尔其人. 格萨尔研究文集. 成都：四川民族出版社，1986

6. 藏族简史编写组. 藏族简史（修订本）. 北京：民族出版社，2009

7. 民族文化宫博物院. 中国少数民族文物图典. 沈阳：辽宁民族出版社，2009

8. 丹珠昂奔. 丹珠文存. 北京：中央民族大学出版社，2013

9. http：//www.muc.edu.cn/

10. http：//www.xbmz.cn/

11. http：//www.swun.cn/

12. http：//www.qhmn.cn/

13. http：//www.utibet.cn/

14. http：//www.xzmy.cn/

15. http：//www.xzass.org/

16. http：//www.baidu.com/

17. http：//www.360doc.com

18. http：//www.tibetology.ac.cn/

19. http：//www.lz.gansu.gov.cn/zjlz/lzgk/kyys/

图片提供者

（按姓氏音序排列）

百度
第30页（下）
第150页（下）
第151页（下）
第152页（两幅）
第153页（两幅）
第155页
第169页
第170页（下）
第171页
第172页
第173页（两幅）
第174页
第176页
第177页
第178页（三幅）
第180页（三幅）
第181页
第184页（三幅）
第185页
第186页（两幅）
第187页
第188页（两幅）
第189页
第190页
第191页
第192页（两幅）
第193页
第199页
第200页（下）
第201页
第208页
第214页

辽宁民族出版社
第65页

民族画报社
第18页
第19页
第42页
第62页（两幅）
第69页
第70页
第90页（中）
第91页
第94页
第95页
第96页
第99页
第125（上两幅）
第156页
第159页（两幅）
第161页（上）
第163页
第170页（上）
第196页（下）

民族文化宫
第40页
第92页
第93（两幅）
第140页（上）
第165页

祁继先
第25页
第27页（上）
第28页（右）
第31页
第43页
第52页（下）
第53页
第56页
第57页
第59页
第79页
第81页
第98页
第90页（上）
第108页
第110页
第112页（两幅）
第113页（下）
第147页
第151页（上）
第166页
第167页（两幅）
第114页（两幅）
第118页（两幅）
第119页（下）
第121页
第133页（上）
第145页
第150页（下）
第154页（下）
第160页（两幅）
第161页（下）
第163页
第182页
第183页
第194页
第196页（上）
第197页
第198页
第200页（上）
第201页（两幅）
第202页（三幅）
第203页
第204页
第205页（两幅）
第207页（两幅）
第209页（两幅）
第210页（两幅）
第211页
第212页

王守明
第12页
第13页
第14页（两幅）
第15页（三幅）
第16页
第17页（右）
第22页
第24页
第26页（两幅）
第27页（中、下）
第28页左
第29页
第31页（上）
第34页
第35页（两幅）
第36页
第37页（两幅）
第38页（三幅）
第39页
第46页
第47页
第48页（两幅）
第49页（两幅）
第50页
第51页（三幅）
第52页（上）
第58页
第60页
第61页
第63页
第64页
第66页
第71页
第72页
第84页
第85页（两幅）
第86页
第87页（两幅）
第88页（两幅）
第89页
第90页（下）
第101页（三幅）
第102页（两幅）
第103页（两幅）
第104页（两幅）
第105页（四幅）
第106页
第107页
第109页
第112页（上）
第115页
第116页
第117页
第119页（上）
第120页
第123页（两幅）
第124页（两幅）
第125页（下）
第126页（两幅）
第127页
第128页
第129页（两幅）
第130页（两幅）
第131页（两幅）
第132页
第133页（下）
第134页
第135页
第136页
第137页
第138页（两幅）
第139页
第140页（中、下）
第141页
第146页
第149页（两幅）
第150页（上）
第154页（上）
第157页
第158页
第162页（下）
第168页
第206页（两幅）
第213页

后记

中国多民族的国情一再告诉我们：民族团结、政治稳定，中国社会就发展繁荣；隔阂对立、民族纷争，中国社会就倒退衰败。纵观中国民族的发展史，战争与和平交替，纷争与和谐并存，但民族关系发展的主流仍然是求和平、求统一、求生存、求发展、求和谐。历史直接或间接地反映着汉族离不开少数民族，少数民族离不开汉族，少数民族之间也相互离不开的深刻依存关系。

中国各民族的利益一致、追求一致、目标一致，960万平方公里的土地是中国各民族的共同家园，各民族共同缔造了祖国，共同当家做主，就要共同建设好祖国，为实现中华民族伟大复兴的中国梦而努力奋斗。2012年，国家民委文宣司与辽宁民族出版社共同策划了《走近中国少数民族丛书》，计划每个民族一本，并邀请我来做主编。起初，我没有答应，在看到他们送来的第一批东北8个民族的样书时，我为他们的工作感动了，欣然接受了他们的邀请，并且承担了《藏族》这本书的撰写工作，成为这套丛书的作者之一。

以各民族共同团结奋斗、共同繁荣发展为主题，以不断发展平等、团结、互助、和谐的社会主义民族关系，不断推进民族团结进步事业为主旨，这套丛书打动我的还有以下几个方面：第一，突出的特点是大部分著作是本民族作者写本民族的，有很大的特别之处和很大的优势。第二，这套书图文并茂，很新颖，很精美，在宣传上、普及上具有良好的前景。第三，在写作过程中有不少新的角度、新的观念、新的资料，如风俗、形式的考虑，设计装帧等，都具有优势。

愿《走近中国少数民族·藏族》这本小书能在普及民族知识、增进民族团结进步事业中尽一点绵薄之力。

感谢祁继先、王守明、莫福山总编辑和民族画报社为本书提供精美照片。感谢李凤山社长、吴昕阳副总编辑、杜江编审、佟强编辑为本书出版付出的辛劳。

丹珠昂奔

2014年10月18日